핵심은 논증이다

| 탁석산 지음 |

탁석산의 글쓰기 2 – 핵심은 논증이다

지은이 탁석산
1판 1쇄 발행 2005. 10. 27.
1판 15쇄 발행 2020. 2. 26.

발행인 고세규
발행처 김영사
등록 1979년 5월 17일(제406-2003-036호)
주소 경기도 파주시 문발로 197(문발동) 우편번호 10881
전화 마케팅부 031)955-3100, 편집부 031)955-3200 | 팩스 031)955-3111

저작권자 ⓒ 탁석산, 2005
이 책의 저작권은 저자에게 있습니다.
서면에 의한 저자와 출판사의 허락 없이 내용의 일부를 인용하거나 발췌하는 것을 금합니다.

COPYRIGHT ⓒ 2005 by Tak suk san
All rights reserved including the rights of reproduction in whole or in any form.
Printed in KOREA.

값은 뒤표지에 있습니다.
ISBN 978-89-349-1986-5 04810
   978-89-349-1984-1 (세트)

홈페이지 www.gimmyoung.com   블로그 blog.naver.com/gybook
페이스북 facebook.com/gybooks   이메일 bestbook@gimmyoung.com

좋은 독자가 좋은 책을 만듭니다.
김영사는 독자 여러분의 의견에 항상 귀 기울이고 있습니다.

[탁석산의 글쓰기 2]

핵심은 논증이다

| 탁석산 지음 |

김영사

들어가며

'논증'이란 말은 아직 우리 사회에서 일상적으로 쓰이는 말이 아니다. 논술에 관련된 책에서나 볼 수 있을 뿐 평소에 논증이란 말을 주고받지는 않는 것이 현실이다. 말을 잘 한다거나 논리가 강하다거나 논리 정연하다는 얘기는 쉽게 들을 수 있지만 논증이 확실하다든가 논증이 좋다든가 아니면 '그런데 논증이 있기나 한가?'와 같은 말은 좀처럼 듣기 어렵다. 이처럼 우리 사회에서 논증이란 말이 일상어가 아니라는 것은 많은 문제점을 내포하고 있다.

우선 토론을 해도 진전이 없다. 텔레비전에서 많은 시사 토론 프로그램을 보게 되는데 결론은 거의 언제나 '이제는 우리가 지혜를 모아 현명하게 대처해 나아가야 할 때입니다'로 끝난다. 아니면 고발 프로그램처럼 '이제는 국가와 사회가 나서야 할 문제입니다'로 끝나기 십상이다.

왜 이런 일이 벌어지는가? 그것은 토론에 나선 양측 모두 논증이란 개념 없이 그 동안 체험으로 익힌 말발로 싸우기 때문이다. 찬반 어느 쪽도 사실은 논증 훈련을 제대로 받아본 적이 없어 보인다. 상대가 말을 할 때 그것이 논증인지 아닌지, 그리고 논증이라면 전제가 무엇이고 그런 전제에서 결론을 이끌어낼 수 있는지를 검토해야 하는데, 단순히 근거가 뭐냐, 당신이 그런 말할 자격이 있느냐, 그거야 야당이니까 그런 것 아니냐는 식으로 토론을 전개하기 때문에 결론을 도출할 수 없는 것이다.

이런 사정은 글쓰기에서도 마찬가지이다. 논술 지도를 하는 이들이 거의 국문학을 전공한 선생님들이라 서론, 본론, 결론이란 형식에서 벗어나지 못하고 있다. 하지만 우리가 사회에서 실제로 사용하는 글쓰기는 실용적 글쓰기로서 기본적으로 논증 형식을 따른다. 그런데 논증에 대해 훈련을 받은 적이 없는 국어 교사들이 주로 논술 지도를 하고 있으니 학생들의 고생은 쉽게 짐작할 수 있다. 논증이란 뼈대 없이 논술을 하려니 모두가 고생을 하고 있는 것이다.

이런 사정은 대학에 가서도 변하지 않는다. 대학에서도 특별히 논증 훈련을 받지 않고 리포트를 쓰니 문제만 어려워졌을 뿐 변한 것은 아무것도 없다. 그래서 어쩌면 자연스럽게 인터넷을 이용해 짜깁기를 하는 것인지도 모른다. 생각해보라. 짜깁기를 하고 싶어 하겠는가. 글을 어떻게 써야 할지 모르기 때문 아니겠는가. 그러나 더 큰 문제는 교수들도 별로 준비가 되어 있지 않다는 것이다.

사회에 진출해서도 별반 달라질 게 없다. 기획안을 쓰고 출장보고서를 작성해야 하는데 여전히 글쓰기는 낯설다. 마치 기본기 없이 고등학교, 대학교를 거쳐 프로 구단에 입단한 신인선수와 같은 심정이다. 그는 타고난 운동신경과 노력으로 프로 팀에 입단은 했지만 기본기가 안 되어 있기 때문에 성장에는 한계가 있을 수밖에 없을 것이다. 마찬가지로 타고난 머리와 자신의 노력으로 회사에 들어오기는 했으나 글을 쓰지 못 해서 겪는 고충은 말할 수 없을 정도로 크다.

이 책은 논증을 가지고 노는 책이다. '논증을 가지고 논다'는 의미는 바꿔 말해 논증을 일상의 친근한 것으로 만들어 보겠다는 얘기다. 논증은 어려운 개념도, 쉬운 개념도 아니다. 우리가 가지고 놀아야 할 개념이다.

 이 책에서는 논증이 무엇인지, 좋은 논증의 조건이 무엇인지를 살펴보고 실제로 논증을 만드는 과정을 보여주고자 한다. 종래의 논증을 다룬 책들은 논증이 무엇인지를 알려주고는 있지만 실제로 논증을 어떤 과정을 통해 만드는지를 보여주지는 않았다. 하지만 독자들이 실제로 알고 싶은 것은 구체적 과정이다. 실제로 그리고 구체적으로 논증을 어떻게 만드느냐가 없다면 논증에 대한 정의라든가 쓰임새라든가 하는 것은 그저 말에 불과하다. 내용은 없고 겉장만 있는 매뉴얼과 흡사하다.

 어렵게 생각할 것은 없다. 논증이 무엇이고 어떻게 만드는가를 보여주겠지만 그보다 더 중요한 것은 스스로 생각하는 방법을 보여준다는 것이다. 유명한 말이 있지 않은가. 고기 한 마리를 주기보다 고기를 잡는 방법을 알려주라고. 고기 잡는 법을 배워 바다에 가득한 고기를 모두 잡기를 바란다. 행운을!

차례

들어가며

기본기 익히기 _ 11
무식한 설명 _ 13
기본기를 익혀라 _ 16

논증이란 무엇인가? _ 21
논증은 결론과 전제로 구성된다 _ 23
전제와 결론은 반드시 문장이어야 한다 _ 28
전제와 결론은 지지하는 관계가 있어야 한다 _ 31

좋은 논증의 네 가지 조건 _ 35
전제와 결론이 관련이 있어야 한다 _ 37
전제는 참이어야 한다 _ 48
전제는 결론을 뒷받침하기에 충분해야 한다 _ 58
반론을 염두에 두어야 한다 _ 70

숨은 전제를 찾아라 _ 81
받아들여 표면에 드러나지 않는다 _ 83

실전, 숨은 전제 찾기 _ 88
핵심 논점이 분명하게 드러나다 _ 90

5 논증 만들기 _ 95
논증의 재구성 _ 97
좋은 논증이 좋은 글을 낳는다 _ 105

6 논증의 법칙 _ 119
사고력이 관건이다 _ 121
주장에는 근거가 뒷받침되어야 한다 _ 126
시간과 공간에 맞춰 꼭 필요한 것만 쓴다 _ 129
논증으로 글을 구성하라 _ 133

7 실전, 논증 만들기 _ 139
일단 멘토와 함께 만들어보자 _ 141
멘토의 어드바이스 _ 158
이제 혼자서 만들어보자 _ 172

었다는 말도 있었다. 또 책은 없고 이상한 시스템만 있다는 이야기도 들렸다. 자세히는 모르겠으나 말이 도서관이지 모든
학원 같은 곳이라는 소문도 있었다. 입장료는 무료이고 시간제한은 없다고 하는데 실제로 어떤 곳인지는 생긴 지 얼마 되지
가본 사람이 많지 않아 정확히는 알 수 없었다. 들리는 말로는 기적의 도서관에는 종이로 된 책은 한 권도 없다고 했다. 그리고
사람이 한 명도 없는데 신기하게도 모든 책을 읽을 수 있다는 말도 있었다. 또 책은 없고 이상한 시스템만 있다는 이야기도
는 모르겠으나 말이 도서관이지 모든 것을 가르쳐주는 학원 같은 곳이라는 소문도 있었다. 입장료는 무료이고 시간제한은
실제로 어떤 곳인지는 생긴 지 얼마 되지 않기 때문에 가본 사람이 많지 않아 정확히는 알 수 없었다. 들리는 말로는 기적의
종이로 된 책은 한 권도 없다고 했다. 그리고 관리하는 사람이 한 명도 없는데 신기하게도 모든 책을 읽을 수 있다는 말도 있었
고 이상한 시스템만 있다는 이야기도 들렸다. 자세히는 모르겠으나 말이 도서관이지 모든 것을 가르쳐주는 학원 같은 곳이라
있었다. 입장료는 무료이고 시간제한은 없다고 하는데 실제로 어떤 곳인지는 생긴 지 얼마 되지 않기 때문에 가본 사람이 많지
는 알 수 없었다. 들리는 말로는 기적의 도서관에는 종이로 된 책은 한 권도 없다고 했다. 그리고 관리하는 사람이 한 명도 없는
도 모든 책을 읽을 수 있다는 말도 있었다. 또 책은 없고 이상한 시스템만 있다는 이야기도 들렸다. 자세히는 모르겠으나 말이
모든 것을 가르쳐주는 학원 같은 곳이라는 소문도 있었다. 입장료는 무료이고 시간제한은 없다고 하는데 실제로 어떤 곳인지
얼마 되지 않기 때문에 가본 사람이 많지 않아 정확히는 알 수 없었다. 들리는 말로는 기적의 도서관에는 종이로 된 책은 한 권
했다. 그리고 관리하는 사람이 한 명도 없는데 신기하게도 모든 책을 읽을 수 있다는 말도 있었다. 또 책은 없고 이상한 시스템
이야기도 들렸다. 자세히는 모르겠으나 말이 도서관이지 모든 것을 가르쳐주는 학원 같은 곳이라는 소문도 있었다. 입장료는
간제한은 없다고 하는데 실제로 어떤 곳인지는 생긴 지 얼마 되지 않기 때문에 가본 사람이 많지 않아 정확히는 알 수 없었다.
기적의 도서관에는 종이로 된 책은 한 권도 없다고 했다. 그리고 관리하는 사람이 한 명도 없는데 신기하게도 모든 책을 읽
말도 있었다. 또 책은 없고 이상한 시스템만 있다는 이야기도 들렸다. 자세히는 모르겠으나 말이 도서관이지 모든 것을 가르
같은 곳이라는 소문도 있었다. 입장료는 무료이고 시간제한은 없다고 하는데 실제로 어떤 곳인지는 생긴 지 얼마 되지 않기
사람이 많지 않아 정확히는 알 수 없었다. 들리는 말로는 기적의 도서관에는 종이로 된 책은 한 권도 없다고 했다. 그리고 관리
한 명도 없는데 신기하게도 모든 책을 읽을 수 있다는 말도 있었다. 또 책은 없고 이상한 시스템만 있다는 이야기도 들렸다. 자세
으나 말이 도서관이지 모든 것을 가르쳐주는 학원 같은 곳이라는 소문도 있었다. 입장료는 무료이고 시간제한은 없다고 하는
어떤 곳인지는 생긴 지 얼마 되지 않기 때문에 가본 사람이 많지 않아 정확히는 알 수 없었다. 들리는 말로는 기적의 도서관에는
책은 한 권도 없다고 했다. 그리고 관리하는 사람이 한 명도 없는데 신기하게도 모든 책을 읽을 수 있다는 말도 있었다. 또 책
상한 시스템만 있다는 이야기도 들렸다. 자세히는 모르겠으나 말이 도서관이지 모든 것을 가르쳐주는 학원 같은 곳이라는
입장료는 무료이고 시간제한은 없다고 하는데 실제로 어떤 곳인지는 생긴 지 얼마 되지 않기 때문에 가본 사람이 많지 않아
수 없었다. 들리는 말로는 기적의 도서관에는 종이로 된 책은 한 권도 없다고 했다. 그리고 관리하는 사람이 한 명도 없는데 신기
를 책을 읽을 수 있다는 말도 있었다. 또 책은 없고 이상한 시스템만 있다는 이야기도 들렸다. 자세히는 모르겠으나 말이 도서
것을 가르쳐주는 학원 같은 곳이라는 소문도 있었다. 입장료는 무료이고 시간제한은 없다고 하는데 실제로 어떤 곳인지는 생긴
지 않기 때문에 가본 사람이 많지 않아 정확히는 알 수 없었다. 들리는 말로는 기적의 도서관에는 종이로 된 책은 한 권도 없다
리고 관리하는 사람이 한 명도 없는데 신기하게도 모든 책을 읽을 수 있다는 말도 있었다. 또 책은 없고 이상한 시스템만 있다
들렸다. 자세히는 모르겠으나 말이 도서관이지 모든 것을 가르쳐주는 학원 같은 곳이라는 소문도 있었다. 입장료는 무료이고
은 없다고 하는데 실제로 어떤 곳인지는 생긴 지 얼마 되지 않기 때문에 가본 사람이 많지 않아 확히는 알 수 없었다. 확히는 알
정확히는 알 수 없었다. 는 알 수 없었다. 들리는 말로는 기적의 도서관에는 종이로 된 책은 한 권도 없다고 했다. 그리고 관리하
한 명도 없는데 신기하게도 모든 책을 읽을 수 있다는 말도 있었다. 또 책은 없고 이상한 시스템만 있다는 이야기도 들렸다. 자세
으나 말이 도서관이지 모든 것을 가르쳐주는 학원 같은 곳이라는 소문도 있었다. 입장료는 무료이고 시간제한은 없다고 하는
어떤 곳인지는 생긴 지 얼마 되지 않기 때문에 가본 사람이 많지 않아 정확히는 관에는 종이로 된 책은 한 권도 없다고 했다. 그
는 사람이 한 명도 없는데 신기하게도 모든 책을 읽을 수 있다는 말도 있었다. 또 책은 없고 이상한 시스템만 있다는 이야기도
세히는 모르겠으나 말이 도서관이지 모든 것을 가르쳐주는 학원 같은 곳이라는 소문도 있었다. 입장료는 무료이고 시간제한은
는데 실제로 어떤 곳인지는 생긴 지 얼마 되지 않기 때문에 가본 사람이 많지 않아 확히는 알 수 없었다. 확히는 알 수 없었다.
수 없었다. 는 알 수 없었다. 들리는 말로는 기적의 도서관에는 종이로 된 책은 한 권도 없다고 했다. 그리고 관리하는 사람이
에 신기하게도 모든 책을 읽을 수 있다는 말도 있었다. 또 책은 없고 이상한 시스템만 있다는 이야기도 들렸다. 자세히는 모르겠
도서관이지 모든 것을 가르쳐주는 학원 같은 곳이라는 소문도 있었다. 입장료는 무료이고 시간제한은 없다고 하는데 실제로 어
생긴 지 얼마 되지 않기 때문에 가본 사람이 많지 않아 정확히는 권도 없다고 했다. 그리고 관리하는 사람이 한 명도 없는데
모든 책을 읽을 수 있다는 말도 있었다. 또 책은 없고 이상한 시스템만 있다는 이야기도 들렸다. 자세히는 모르겠으나 말이
모든 것을 가르쳐주는 학원 같은 곳이라는 소문도 있었다. 입장료는 무료

1
기본기 익히기

무식한 설명·기본기를 익혀라

01 논증 만들기

그런데 논증은 말씀 안 하시고 왜 축구 얘기만 하시나요?
둔하기는. 시중에 나와 있는 논술 참고서를 보면 기본기를 가르치지 않고 전술이나 요령, 점수 잘 받는 방법 등을 주로 가르치고 있다는 것이지. 다시 말해서, 기본이 있어야 어떤 상황에서도 응용할 수 있는 능력이 생기는데 이게 안 된다는 것이다. 브라질 선수가 되어야 하는데 여전히 한국 대표선수라는 말이다.
그래도 말씀이 좀 과하시네요. 증거를 보여주세요. 논술 참고서가 기본기를 가르치지 않고 있다는.

무식한
설명

눈앞에는 두 개의 선택지가 보였다. 터치스크린 위에 아래와 같은 다소 황당한 선택지가 있었던 것이다.

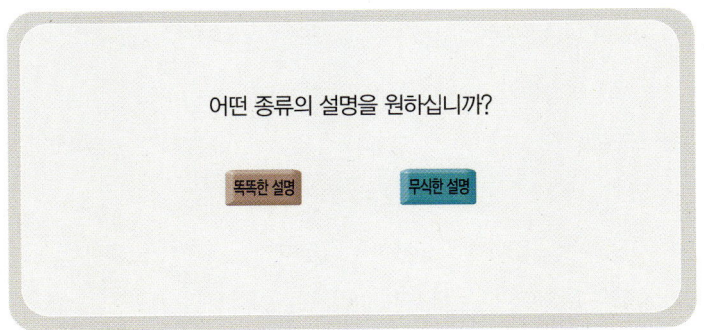

아, 이게 무슨 경우란 말인가? 논증이 무엇인가를 배우기 위해 이곳을 찾아왔건만 이런 황당한 경우를 당하다니. 설명이야 당연히 친절하고 눈높이에 맞도록 해야 하는 것 아닌가? 그런데 똑똑한 설명은 뭐고 무식한 설명은 또 뭐야. 역시 이해하기 힘든

곳이야. 아무런 도움말도 없나? 물어보자. 현민은 아무도 보이지 않았지만 말을 하면 반응이 있다는 것을 알고 있었기에 아무 일도 아니라는 듯이 물어보았다.

"근데 무식한 설명이 뭡니까? 아무렇게나 설명한다는 것인가요?"

예상한 대로 소리가 들렸다.

"그럴 줄 알았다. 이 기사를 봐라."

멘토가 홀연히 나타나더니 한 장의 기사를 내밀었다. 기사의 제목은 '재미있고 따뜻한 법이야기 싣습니다'였는데 내용은 다음과 같았다.

정년퇴임을 앞둔 어느 법원장이 후배들에게 이렇게 말했습니다.
"똑똑함을 버려라. 무식해져라. 무식해지기 힘들면 무식한 척이라도 해라."
이게 무슨 말인가요?
올 3월 이 법원장이 근무하던 법원에서 있었던 실화를 보시면 그 의미를 좀 알 것 같습니다.
한 기자가 "왜 이혼 상담이 필요하냐?"고 물었습니다.
"…이혼의 심각성, 가족의 파괴, 비행 청소년과 사회 문제…."
전문가들의 '전문적인' 답변이 이어졌습니다. 기자들은 고개를 갸우뚱거렸습니다.
뭔가 얘기가 잘 안 통하고 있다는 느낌이 드는 순간 법원장이 나섰습니다.
"거 말요. 기자분들, 여러분이 이혼하면 여러분이나 자녀들이나 살맛나겠습니까? 이혼하면 살맛나지 않는다고 하니 이혼을 좀 막자는 거지요."

> 기자들은 고개를 끄덕였습니다.
> 이 이야기는 그 법원장의 퇴임식에서 한 상담위원이 한 이야기입니다. 법원장은 똑똑한 설명보다 '무식한 설명'이 더 좋을 수도 있다는 것을 깨닫게 해줬다는 것입니다. ─동아일보, 2005. 7. 4.

읽어보니 별 얘기도 아니었다. 폼 잡지 말고 쉽게 설명하라는 것 아닌가! 무식한 설명이 그런 것이라면 똑똑한 설명이 아니라 무식한 설명을 택하는 것이 당연하지 않은가. 현민은 주저 없이 '무식한 설명'을 눌렀다.

누르자마자 순식간에 주변 분위기가 바뀌었다. 멘토는 조금 전의 멘토 그대로였는데 주변은 축구 경기장이었던 것이다. 아니, 웬 축구장? 내가 축구 배우러 왔나? 잠시 머뭇거리는데 멘토가 입을 열었다.

기본기를
익혀라

"우리나라 축구팀은 강하고 빠른데 왜 브라질이나 프랑스 같은 팀에게는 맥을 못 추나? 자네는 어떻게 생각하나?"

갑자기 축구 얘기를 꺼내다니. 그렇지만 상관없지. 누구나 알고 있는 문제니까. 현민은 자신 있는 목소리로 답했다.

"그거야 기본기가 부족해서 아닌가요? 해설자나 전문가들이 한결같이 지적하고 있는데요."

"맞는 말이다. 정말 누구나 알고 있지. 그럼 기본기가 뭔지는 알고 있겠구나."

"기본기야 패스, 드리블, 슛, 뭐 이런 거 아니겠습니까?"

"그래? 이번에는 내가 무식하게 설명해보겠다. 기본기란 개인기를 말하는 거야. 아무리 감독의 전술이 좋고, 선수들의 신체조건이 훌륭하고, 또 합숙훈련을 아무리 오래 해도 일단 선수 개개인이 잘 해야 이긴다 이 말이야. 전술이 아무리 좋으면 뭐해. 선수가 따라줘야지."

"그래도 전술이 중요하지 않습니까? 시합에서 이기는 방법도 있고요. 개인기가 아무리 좋아도 팀워크가 없으면 이기기 어려운데요."

"맞는 말이다. 하지만 개인기가 좋지 않으면 세계적인 강팀은 되기 어렵다. 팀워크에 의존하는 것은 한계가 있지. 그라운드에서 쓰러진다는 각오보다는 개인기를 연마해 수비를 돌파하는 것이 낫다는 말이지. 선수라면 다 투지에 불타는 거야 누구든지 마찬가지니까."

현민은 멘토에게 더 이상 반박할 말을 찾지 못하자 퉁명스럽게 내뱉었다.

"그런데 논증은 말씀 안 하시고 왜 축구 얘기만 하시나요?"

"둔하기는. 시중에 나와 있는 논술 참고서를 보면 기본기를 가르치지 않고 전술이나 요령, 점수 잘 받는 방법 등을 주로 가르치고 있다는 것이지. 다시 말해서, 기본이 있어야 어떤 상황에서도 응용할 수 있는 능력이 생기는데 기본도 없이 요령만 배우고 있다는 거야. 브라질 선수가 되어야 하는데 여전히 한국 대표선수라는 말이다."

"그래도 말씀이 좀 과하시네요. 증거를 보여주세요, 논술 참고서가 기본기를 가르치지 않고 있다는."

"그래? 한번 해보자는 분위기네. 좋다. 그럼 이걸 보아라."

'논술 10계'라는 제목이 붙은 종이 위에는 열 가지의 계명이 적혀 있었다.

논술 10계

1. 논제를 보면 길이 열린다.
2. 제시문에서 열쇠를 찾아라.
3. 주장으로 생명을 불어넣어라.
4. 논거로 주장에 날개를 달아라.
5. 서론에서 방향과 문제를 제기하라.
6. 본론을 분명히 하고 그것을 논증하라.
7. 답이 있는 결론을 써라.
8. 논술의 설계도, 개요를 짜라.
9. 치밀한 구성이 생명이다.
10. 표현·문장·퇴고로 차원을 높여라.

다 좋은 말인데 왜 기본기가 없다고 하지? 그래도 들어나 보자. 아니나 다를까 멘토가 무식한 설명을 시작하였다.

"그럴 듯하지만 기본기만 갖추면 3번에서 9번까지는 저절로 해결된다. 1번과 2번은 논술의 요령에 해당하고 10번이야 당연한 문장 다듬기지."

"예를 들면 어떻게 해결된다는 거죠?"

"논증이 기본기라고 할 수 있는데 논증이 무엇인지를 알면 주장, 논거, 결론, 설계도, 구성이라는 개념은 저절로 해결된다는 것이지."

"너무 똑똑한 설명 아닌가요? 무식한 설명을 하신다고 해놓고."

"그런가? 어쨌든 해보자. 논증이 무엇인지를 알고 논증을 스스로 만들 수 있으면 앞에 나온 논술 10계명 중 대부분이 해결된다는 것이지. 게다가 더 좋은 것은 논증을 마스터하면 논술뿐만 아니라 보고서나 기획안, 논문이나 책을 쓰는 데 결정적으로 도움이 된다는 것이다. 개인기가 나쁘면 월드컵에서 우승 못 하거든. 개인기가 좋은 선수는 공격도 잘하지만 수비도 잘한다. 멀티플레이어라는 거지. 하지만 개인기가 없는 선수는 틀에 박힌 플레이를 하고 자기 포지션 외에는 소화해내질 못 하지."

'너무 큰소리치는 것 아닌가?' 하는 생각도 들었지만 논증이 그렇게 중요하다니 일단 믿고 따라보는 것이 좋겠다는 생각이 들었다.

이것만은 꼭!
정리 01

축구에 있어 기본기란 개인기를 말한다. 아무리 감독의 전술이 좋고, 선수들의 신체조건이 훌륭하고, 또 합숙훈련을 아무리 오래 해도 일단 선수 개개인이 잘해야 경기를 이길 수 있다는 것이다.

논술도 마찬가지다. 하지만 시중에 나와 있는 논술 참고서를 보면 기본기를 가르치지 않고 전술이나 요령, 점수 잘 받는 방법 등을 주로 가르치고 있다. 다시 말해서, 기본이 있어야 어떤 상황에서도 응용할 수 있는 능력이 생기는데 이게 안 된다는 얘기다.

논술의 기본기는 논증이라고 할 수 있는데 논증이 무엇인지를 알고 논증을 스스로 만들 수 있으면 주장, 논거, 결론, 설계도, 구성이라는 개념은 저절로 해결된다. 게다가 더 좋은 것은 논증을 마스터하면 논술뿐만 아니라 보고서나 기획안, 논문이나 책을 쓰는 데 결정적으로 도움이 된다는 것이다.

—2—

논증이란 무엇인가

논증은 결론과 전제로 구성된다
• 전제와 결론은 반드시 문장이어야 한다 • 전제와 결론은 지지하는 관계가 있어야 한다

02 논증만들기

좋다. 그런데 네가 한 말을 종합하면 이렇게 된다. 논증은 주장과 근거로 이루어지는데, 근거란 주장의 근거가 되는 주장이다. 따라서 논증은 주장과 주장의 근거가 되는 주장으로 이루어진다. 이렇게 되지 않느냐? 그렇기는 한데요. 어째 좀 이상하네요. 주장과 근거가 되는 주장이라고 하니까 좀 헷갈리기도 하고요. 그렇지 그럼 이렇게 바꿔보면 어떠냐? 하고픈 말인 주장을 결론이라고 하고, 근거가 되는 주장을 전제라고 하자. 다시 말해서, 논증은 결론과 전제로 구성된다는 것이지.

논증은 결론과 전제로 구성된다

그러니까 결론이 뭐냐고?

"그럼 논증이란 뭡니까? 제가 듣기로는 주장 + 근거라고 하던데요. 맞나요?"

멘토는 빙긋 웃더니 말했다.

"그래도 들은풍월은 있구나. 그럼 내가 물어보자. 주장이라는 게 뭐냐?"

"하고픈 말 아닌가요? 내가 뭔가 할 말이 있다는 거지요."

'푸하하' 하면서 박장대소하더니 멘토가 말을 받는다.

"네가 무식한 답을 하는구나. 하지만 맞는 말이다. 뭔가 할 말이 있다. 이게 주장이지. 좋아. 그럼 근거는 뭐냐?"

모처럼 칭찬을 들어 고무된 현민은 숨도 고르지 않고 답했다.

"근거는 말 그대로 근거가 되는 주장입니다."

"뭐의 근거가 된다는 말이냐?"

"그거야 주장의 근거가 되는 거죠. 딴 게 있겠어요?"

"좋다. 그런데 네가 한 말을 종합하면 이렇게 된다. 논증은 주장과 근거로 이루어지는데, 근거란 주장의 근거가 되는 주장이다. 따라서 논증은 주장과 주장의 근거가 되는 주장으로 이루어진다. 이렇게 되지 않느냐?"

"그렇긴 한데요. 어째 좀 이상하네요. 주장과 근거가 되는 주장이라고 하니까 좀 헷갈리기도 하고요."

"그렇지. 그럼 이렇게 바꿔보면 어떠냐? 하고픈 말인 주장을 결론이라고 하고, 근거가 되는 주장을 전제라고 하자. 다시 말해서, 논증은 결론과 전제로 구성된다는 것이지."

"말만 바꿨지 그게 그거네요. 어쨌든 하고픈 말이 결론이고 그 말이 근거가 있다는 것을 보여주는 것이 전제라는 것이지요. 맞나요?"

"좋았어. 아주 잘 하고 있어."

"그럼 화끈한 예 하나 들어주세요. 그래야 이해가 더 잘 되죠."

"화끈한 예라? 글쎄, 뭐가 좋을까?"

멘토는 잠시 머릿속을 검색하는 모습이었다. 그러더니 주머니에서 뭔가를 꺼냈다. 얼핏 보기에 PDA처럼 보였는데 확실하지는 않았다. 멘토는 버튼 몇 개를 누르더니 자료를 찾았다는 표정을 지었다. 그리고는 물었다.

"화끈한 예를 들어 달라고 했지. 그럼 이건 어떠냐? 너도 드라마 '내 이름은 김삼순'은 알고 있지? 엄청 인기 많았잖아. 시청률이 40%를 넘었다고도 하고."

"아주 잘 알고 있습니다. 저도 아주 좋아했죠. 근데 왜 물으시

죠?"

"왜 그 드라마가 인기가 좋았다고 생각하느냐?"

"그거야 재미있으니까요. 김선아 연기도 실감나고, 대사도 톡톡 튀고 진짜 같아요. 그래서 재밌죠."

"그래? 지금 네가 한 얘기를 논증으로 만들어보자. 논증은 결론과 전제로 이루어진다고 했다. 결론을 먼저 찾는 게 좋지. 결론이 무어냐?"

"…"

"하고픈 얘기가 뭐냐는 거다."

"하고픈 얘기 없는데요. 전 그냥 '내 이름은 김삼순'이 왜 인기가 있는지 말한 것뿐인데요. 그것도 논증이 되나요?"

"물론 논증이 될 수 있다. 결론을 '내 이름은 김삼순은 재밌다'로 하면 그 이유가 전제가 될 것이다. 그럼 다음과 같이 만들 수 있겠지."

1. 김선아 연기가 실감이 난다.
2. 대사가 톡톡 튀고 진짜 같다.

3. 따라서 '내 이름은 김삼순'은 재밌다.

"이런 식으로 정리할 수 있다. 어때? 그럴 듯해 보이지 않냐?"

현민은 스크린 위에 정리된 것을 보았다. 형식을 보니 알 것도 같았다. 선을 경계로 해서 위쪽, 즉 1번과 2번은 전제고 선 아래쪽 '따라서'가 있는 3번이 결론이라는 것쯤은 배웠던 것 같다. 재미있는 점은 자신이 그냥 한 얘기가 정리되어 나오니 뭔가 되는 것처럼 보인다는 것이었다.

전제와 결론은 반드시 문장이어야 한다

문장을 만들란 말이지!

"전제가 있어야 논증이 된다는 것은 알겠습니다. 근데 아까 그 드라마요. 멘토님은 왜 인기가 있다고 생각하세요? 그 드라마 본 적 있으세요?"

"허허, 나를 우습게 보는구나. 나도 팬이었어. 그리고 왜 인기가 있냐고? 그런 질문을 할 줄 알고 미리 준비했다."

멘토는 아까 주머니에서 꺼내 검색한 도구를 이용해서 스크린 위에 기사를 띄웠다. 꽤 장문의 기사였는데 제목은 〈우리가 삼순이에게 열광하는 5가지 이유〉(브레이크뉴스, 2005.7.6.)였다. '삼순이 열풍이 거세다'로 시작하는 장문의 이 기사는 우리가 삼순이에게 열광하는 이유로 다섯 가지를 들고 있었다.

하나 "어, 내 얘기잖아?"
둘   신선한 캐릭터, 기존 드라마 뒤집기
셋   판타지와 리얼리티 사이

넷 신데렐라? 순대렐라!
다섯 원작은 어떻게 끝나나

　이것은 기사에서 읽은 소제목들이다. 다섯 가지 이유라서 그런지 다섯 개의 소제목이 나와 있었다. 쭉 읽고 나니 멘토가 물었다.
　"그래, 이 기사가 뭐라고 말하더냐? 우리가 삼순이에 열광하는 이유를."
　"소제목에 나와 있는데요."
　"주의할 점이 하나 있다. 전제와 결론은 반드시 문장이어야 한다. 네가 읽은 기사의 소제목 같은 형태는 전제나 결론이 될 수 없다는 말이다. 왜냐하면 문장이어야 무엇인가를 말할 수 있거든. 여기서 너에게 기사를 읽고 문장으로 된 논증을 만들라고 하고 싶지만 아직은 때가 아니니 이번에는 내가 문장으로 된 논증을 만들어보겠다."
　그러더니 멘토는 준비된 스크린을 눌렀다. 스크린 위에는 아래와 같은 논증이 떴다.

1. 삼순이를 보며 '나와 같은 처지'라고 느낀다.
2. '내 이름은 김삼순'은 캔디형 로맨틱 코미디의 통속성을 스스로 폭로하고 패러디하며 돌파한다.
3. '내 이름은 김삼순'은 판타지를 밑에 깔고도, 구체적인 일상을 현실적이고 세밀하게 드러낸다.

4. 겉보기에는 순박하지만 실은 대찬, 그래도 드라마적 판타지 속에서 신데렐라적 특성을 버릴 수는 없어, '순대렐라'라고 불릴 만하다.
5. 원작과 달리 드라마에선 희진의 역할을 초반부터 부각시키며 갈등의 핵으로 키웠고, 희진과 삼순 각자가 진정성을 지니는 탓에 어떤 결말이 나올지 미궁에 빠진 상태다.

6. 따라서 우리는 삼순이에게 열광한다.

꽤 그럴 듯해 보였다. 우선 긴 문장으로 되어 있으니 뭔가 내용이 있는 것 같았고 또 문장으로 된 글을 읽으니 정말 내용도 있었다. 우리가 왜 삼순이에게 열광하는지를 잘 설명해주는 것 같은 생각이 들었다. 이런 걸 논증이라고 부른다는 것이지? 멋지군. 현민은 이렇게 명쾌한 논증을 만들어낸 멘토가 처음으로 멋지게 보였다.

전제와 결론은
지지하는 관계가 있어야 한다

"생각보다 논증이라는 것이 멋지다는 생각이 듭니다."

"그래? 왜? 뭐가 멋있다는 거지? 멋있을 것까지는 없는데."

"우선 그렇게 긴 글을 논증의 형식으로 정리하니 간명하고 알기 쉽습니다. 복잡해 보이는 것이 깨끗하게 정리될 때의 상쾌함 같은 것 있잖아요. 그런데요, 한 가지 궁금한 것이 있습니다. 제가 전에 듣기로는 전제가 결론을 지지하거나 옹호한다고 하던데 무슨 뜻입니까?"

"실은 복잡한 개념인데 무식하게 설명하자면 전제가 맞는다면 결론도 맞다는 것이지. 왜 삼순이가 인기가 있느냐? 위에서 말한 다섯 가지 이유가 맞다면 결론도 맞다는 말이지."

"하지만 삼순이가 인기 있다는 것은 맞는 말이니까 전제가 맞지 않아도 결론은 맞는 것 아닙니까? 그럼 얘기가 이상한데…."

"제법 예리한데. 그럼 이런 논증을 보자. 아주 유명한 거지."

1. 모든 사람은 죽는다.
2. 김삼순은 사람이다.

3. 따라서 김삼순은 죽는다.

"이 경우 전제가 맞는다면 결론도 맞겠지. 그렇지 않냐? 이런 경우가 전형적인 논증이라고 할 수 있는데 결론이 새로운 사실이라는 점이 앞의 드라마 논증과는 다르지."

"드라마 논증은 결론은 맞는데 그 이유가 무엇인가를 설명해 주는 논증이라는 말씀이시지요?"

"그렇지. 논증이란 형식을 말하는 거야. 첫째, 전제와 결론으로 구성되어야 하고, 둘째 전제와 결론 사이에는 전제가 결론을 지지한다는 관계가 성립해야 하지. 이때 결론이 새로운 사

실일 수도 있고 전제가 새로운 사실일 수도 있지. 하지만 어떤 경우든 전제와 결론이 있어야 하고 전제와 결론은 지지하는 관계가 있어야 한다는 말이다."

"조금 어렵군요."

"어렵지. 그런데 어쩌나? 이제 조금 더 어려워질 텐데. 왜냐? 좋은 논증과 그렇지 못한 논증을 구별하는 법을 배워야 하니까."

"좋은 논증이라고 말씀하셨습니까? 논증은 다 좋은 것 아닙니까?"

"사람이라고 다 좋은 사람이 아닌 것처럼 논증이라고 다 좋은 것은 아니지. 좋은 논증의 조건을 배워야 논증이 무엇인지 확실히 알게 될 것이다."

이것만은 꼭!
정 리 02

1. 논증은 전제와 결론으로 구성되어야 한다. 전제란 결론의 근거인데 보통 이유나 원인이 근거가 된다.
   (예) 1. 김선아 연기가 실감이 난다.
   2. 대사가 톡톡 튀고 진짜 같다.
   3. 따라서 '내 이름은 김삼순'은 재밌다.

2. 주의할 점은 전제와 결론은 반드시 문장이어야 한다는 것이다.
   (예) ◆ '신데렐라? 순대렐라?' (×)
   ◆ 겉보기에는 순박하지만 실은 대찬, 그래도 드라마적 판타지 속에서 신데렐라적 특성을 버릴 수는 없어, '순대렐라'라고 불릴 만하다.(○)

3. 전제와 결론 사이에는 전제가 결론을 지지하는 관계가 성립해야 한다. 즉 전제가 맞다면 결론도 맞다는 것이다. 이때 결론이 새로운 사실일 수도 있고 전제가 새로운 사실일 수도 있다.
   (예) 1. 모든 사람은 죽는다.
   2. 김삼순은 사람이다.
   3. 따라서 김삼순은 죽는다.

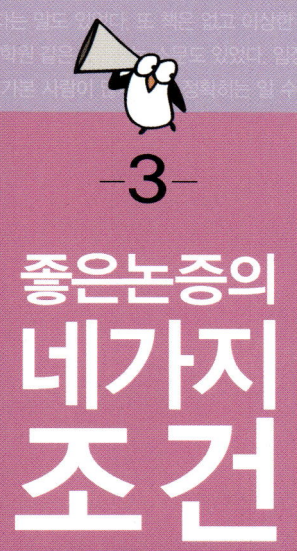

— 3 —

좋은논증의 네가지 조건

전제와 결론이 관련이 있어야 한다 · 전제는 참이어야 한다 · 전제는 결론을 뒷받침하기에 충분해야 한다 · 반론을 염두에 두어야 한다

03 논증 만들기

그럼 좋은 논증의 조건은 어떤 겁니까? 여러 가진가요?
당연하지. 그럼 한 가지겠느냐? 네 가지가 있는데 첫 번째가 관련성이다. 무슨 말인고 하니 전제와 결론이 관련이 있어야 한다는 것이다. 단순한 얘기 같지만 그렇게 단순하지는 않단다.
전제와 결론이 관련이 있어야 한다는 것은 제가 보기에도 당연한 것 같은데요. 무슨 문제가 있습니까?

전제와 결론이
관련이 있어야 한다

좋은 논증이라? 좋은 논증이라는 말은 좀 이상하다. 좋은 사람이나 좋은 영화는 익숙하지만 좋은 논증이라? 논증이 좋다는 것인데 어떤 것을 말하는 걸까?

요즘 '착한 길'이라는 말은 들어봤다. 길이 착하다는 것도 처음에는 이상했지만 실제로 산행에서 착한 길을 본 적이 있었다. 청계산에 좁지만 고운 흙으로 덮여 있는 꽤 긴 길이 있다. 조금 휘어진 길인데 주위의 나무와 어울려 사람이 걷기에 쾌적한 길이다. 바로 착한 길이다.

논증도 그런 걸까? 사람이 보았을 때 기분이 좋아지는 그런 논증이 있지 않을까? 좋은 논증이란 그런 논증을 말하는 것이 아닐까? 그런데 좋은 논증은 조건이 있다고 했는데 어떤 조건을 말하는 걸까?

"그럼 좋은 논증의 조건은 어떤 겁니까? 여러 가진가요?"

"당연하지. 그럼 한 가지겠느냐? 네 가지가 있는데 첫 번째가 관련성이다. 무슨 말인고 하니 전제와 결론이 관련이 있어야 한다는 것이다. 단순한 얘기 같지만 그렇게 단순하지는 않단다."

"전제와 결론이 관련이 있어야 한다는 것은 제가 보기에도 당연한 것 같은데요. 무슨 문제가 있습니까?"

"그래? 조금 다른 이야기가 될 수도 있는데 이런 예를 들어보자. 경찰을 뽑는데 신장 165cm 이상인 사람만 지원 자격이 있다고 해보자. 신장과 경찰이 되는 것과 관련이 있느냐?"

음, 관련이 있는 것 같기도 한데…. 경찰은 도둑도 잡고 시민들에게 어느 정도 위압감도 주어야 하니까 키가 어느 정도 되어야 하지 않을까? 너무 작으면 시민들이 경찰을 우습게 볼 수도 있잖아. 아니야! 경찰이 되는 데 키가 무슨 상관이야. 경찰 정신과 임무를 수행할 능력이 있으면 되는 것이고 경비 같은 경우 키가 문제가 된다면 키 큰 경찰에게 맡기고 키 작은 경찰은 다른 업무를 하면 되잖아. 어쨌든 간단하지는 않군. 하지만 관련이 없다는 쪽이 맞는 것 같다. 키가 작아도 군대는 가지 않는가?

"글쎄요. 관련이 없어 보이는데요. 신체적 특성에 맞게 근무분야를 배당하면 되지 않을까요?"

"그렇지. 얼마 전에 국가에서도 경찰 모집요건에서 신장제한을 철폐하라고 지시했단다. 그럼 이런 경우는 어떠냐? 집안이 가난하여 꼭 취업을 해야 하는데 입사 시험에는 통과했다고 하자. 그런데 학점이 나빠 입사를 할 수 없게 되었다고 하자. 이런 경우에 그 학생이 교수에게 자신의 사정을 설명하고 학점을 올려 달라고 한다고 해보자. 이 경우 학점을 올려주는 것과 집안 사정 그리고 입사 시험 합격은 관련이 있느냐?"

"음…. 좀 관련이 있지 않나요. 집안 형편이 어려운 데다가 시험에도 합격했으니 학점을 올려줘서 취업시키는 게 좋지 않나요? 뭐 학점이 펑크 난 것도 아니고 좀 올려 달라는 것뿐이잖아요."

"그렇게 생각하느냐? 학점을 올려주는 것과 관련 있는 것은 교수의 실수나 행정 착오밖에는 없다. 그 외의 다른 요소는 학점을 올려주는 것과는 무관한 것이다. 집안 형편이 어렵다거나 입사시험에 합격했다는 것과 학점이 무슨 상관이 있느냐? 상관이 있다고 생각한다면 잘못이고 그런 잘못이 만연한 사회는 정의가 없는 사회겠지. 어험."

듣고보니 그런 것 같기도 했다. 따져보면 학점과 집안 형편과는 사실 아무 상관도 없는 것이었다. 학점은 학업 성과와만 관련이 있구나. 그럼 이런 것은 어떤가?

"한 가지 질문이 있는데요."

"질문? 듣던 중 반가운 소리다. 어디 해봐라."

"신문에 이런 얘기가 있었습니다. 대통령이 국민에게 호소하기를 '여소야대 정국이기에 국정을 소신껏 이끌어갈 수가 없다. 따라서 새로운 권력구조 논의가 필요하다'고 하던데요. 제 질문은 여소야대면 대통령이 나랏일을 제대로 볼 수 없는 것인가입니다."

"흠, 그러니까 여소야대와 국정수행과 관련이 있느냐는 질문이구나. 대통령은 관련이 있다고 주장하는 것이고 너는 의심하는 것이고, 그런 거지?"

"예. 어떤가요? 관련이 있나요?"

"관련이 없어 보이는구나. 왜냐하면 여대야소일 때도 국정수행이 원활하지 않았기 때문이다. 여대야소일 때는 잘 되다가 여소야대가 되면서 잘 안 됐다면 관련성을 인정할 수 있지만 실제로 그렇지 않았기 때문에 관련이 없다고 본다."

현민은 관련이 있다, 없다가 생각보다 중요할지도 모른다는 느낌이 들었다. 그러니까 어떤 전제가 나오면 결론과 관련이 있는지를 따져봐야 한다는 얘긴데, 따지면 따질수록 재밌는 결과가 나올 수도 있겠다는 생각이 들었다.

| 관련성 테스트 |

이 정도면 전제와 결론이 관련이 있어야 한다는 것을 이해했다고 생각하여 현민은 멘토께 두 번째 조건을 물었다. 그랬더니 멘토는 웃으면서 다음과 같이 말했다.

"그래? 그러니까 관련성을 이해했다 이 말이지. 그럼 한번 테스트 해보자. 테스트를 통과하면 다음 단계로 넘어가도 좋다. 20대의 여자가 사랑에 빠져 결혼하려 하는데 부모가 반대한다고 하자. 그때 여자가 부모에게 왜 그 남자와 결혼해야 하는지를 설득한다고 하자. 그럼 다음과 같은 논증이 가능할 것이다."

> 1. 나는 그 남자를 사랑한다.
> 2. 나는 그 남자랑 있으면 재밌다.
> 3. 그는 지금은 가난하지만 능력이 있다.
> 4. 그는 착하다.
> 5. 그는 나만을 사랑한다.
> 6. 그는 잘생겼다.
>
> 7. 따라서 나는 그와 결혼한다.

"자, 여기서 결론과 관련이 없는 전제는 어떤 것이냐?"
멘토의 얘기가 끝나자 스크린이 내려왔다.

> ❶ 나는 그 남자를 사랑한다.   관련있음 관련없음
> ❷ 나는 그 남자랑 있으면 재밌다.   관련있음 관련없음
> ❸ 그는 지금은 가난하지만 능력이 있다.   관련있음 관련없음
> ❹ 그는 착하다.   관련있음 관련없음
> ❺ 그는 나만을 사랑한다.   관련있음 관련없음
> ❻ 그는 잘생겼다.   관련있음 관련없음

별로 어려운 것도 아니네. 이런 걸 문제로 내다니. 이상하지만 어쨌든 6번이지. 잘생긴 것하고 결혼하고 관련이 없지, 아마?

"6번입니다. 잘생긴 것하고 결혼하고는 관련이 없습니다."
현민은 자신 있게 대답했다.
"그렇겠지. 그럼 4번은 어떠냐? 착한 것하고 결혼하고는 상관이 있느냐? 착한 사람만 결혼하는 것은 아니겠고…. 잘생긴 것하고 결혼이 관련이 없는 것과 마찬가지로 보이는데."
"아닙니다. 잘생긴 거야 외모 문제고 착한 것은 심성 문제이기 때문에 다릅니다."
"결혼에서는 마음이 중요하다는 것이냐? 그럼 3번은 왜 따지냐? 능력은 심성이 아니라 돈 버는 능력을 말하는 것인데 결국 외적인 것 아니냐?"
어, 이상한 반론이 제기되네. 결혼을 하면 먹고살아야 하니까 당연히 돈 버는 능력이 중요하지. 그게 외모와 같은 것은 아니잖아.
"얼굴 뜯어 먹고 살지는 않지만 능력으로는 먹고살 수 있습니다."
"그렇다면 결혼은 사랑하는 마음과 돈 버는 능력이 결정하는 것이라고 생각할 수 있겠네. 그런가?"
"예, 그렇습니다."
"그럼 2번은 어떻게 되지? 재밌는 것은 사랑하는 마음과 관련이 있나?"
"그렇지요. 재미있으니까 사랑하는 마음이 더 생길 수도 있지 않습니까?"
"그럼 잘생겼으니까 사랑하는 마음이 더 생길 수도 있지 않겠느냐?"

"그럴 수 있겠네요."

"그럼 전제 6번 잘생겼다는 것도 결론과 관련이 있지 않느냐? 2번 재밌다는 것처럼. 어떠냐?"

흠흠, 내 이럴 줄 알았다. 어째 쉬운 문제가 나온다 했지. 잘생긴 것도 재밌다는 것과 마찬가지로 결혼과 관련이 있다는 것을 인정해야 하는가? 논리적으로 따지다 보니 이리 되고 말았네. 참, 나. 하지만 어쩌겠나? 인정해야지.

"예, 관련이 있어 보입니다."

| 관련성의 기준 |

'그럼 도대체 관련이 있다, 없다의 기준은 뭐야? 기준을 알아야 하지 않을까?' 하는 생각이 들었다. 관련성이 다소 주관적이라고 해도 기준이 있어야 하는 것 아닌가?

"한 가지 질문이 있습니다. 그럼 전제와 결론이 관련이 있다, 없다의 기준은 무엇입니까?"

"좋은 질문이다. 관련성의 기준은 전제의 참·거짓이 결론의 참·거짓에 영향을 미치느냐의 여부이다. 어렵냐? 그럼 앞에 든 예를 다시 보자. 경찰이 되는 데 키가 문제가 되느냐가 있었는데 키가 165cm가 넘는다고 해도, 즉 참이라고 해도 경찰이 되는 것과 관계가 없고 키가 165cm가 안 된다고 해

도, 즉 거짓이라고 해도 경찰이 되는 것과 관계가 없다. 이런 경우 관련이 없다고 한다."

"무식하게 말해서 키가 165cm를 넘든 안 넘든 경찰이 되는 데는 아무 영향이 없다, 이런 말씀이시죠? 만약 넘어야 된다면 영향이 있다는 것이고."

"그렇다. 무식하게 말했지만 알아듣기는 쉽구나."

"그럼 DNA 검사에 의해 친자 확인을 하는 경우 DNA 검사 결과의 참·거짓은 친자 확인의 참·거짓에 결정적 영향을 미치므로 관련이 있겠군요."

"그렇지. 만약 유전자 검사 결과가 친자가 아니라고 나오면 바로 친자가 아닌 게 되는 것이고 검사 결과가 친자라고 나오면 바로 친자가 되는 것이지. 이런 경우 전제의 참·거짓이 결론의 참·거짓에 영향을 끼치므로 관련이 있다고 하지. 이제 알아들었구나."

"앞의 학점이나 여소야대 정국도 마찬가지겠네요."

"그렇지. 그런데 결혼 문제에서 봤듯이 전제가 직접 결론과 관련은 없지만 다른 전제와 관련이 있는 경우도 있어. 그러니 찬찬히 봐야 돼. 잘생겼다는 것과 결혼은 직접 관련이 없지. 하지만 잘생겼다는 것이 사랑하는 것과 관련이 있을 수 있다는 거지. 근데 이제 차분히 물어보자. 잘생겼다는 것이 사랑하는 것과 관련이 있냐?"

"아주 상관 많죠. 예쁜 여자를 보면 사랑이 생기는 것과 마찬가지잖아요."

"그래? 따져보자. 잘생겼다는 것이 참이면 사랑이 생긴다가 참이냐? 무식하게 말해서, 잘생긴 남자 보면 사랑이 생기냐는 말이다. 그럴 수도 있고 아닐 수도 있겠지. 그러니까 잘생겼다는 것의 진위, 즉 참이나 거짓은 사랑이 생긴다는 것에 영향을 미칠 수도 있고 아닐 수도 있다는 것이지. 그런데 위에서 관련성은 전제의 참이나 거짓이 결론의 참이나 거짓에 영향을 미칠 때라고 하지 않았느냐. 따라서 영향을 미칠 수도 있고 아닐 수도 있다면 관련이 없다고 해야 옳지 않겠느냐. 여자가 예쁘면 사랑이 생길까? 꼭 그런 것은 아니지. 느슨한 관련은 있을지 몰라도 외모와 사랑은 엄밀히 말하면 상관이 없는 것 같다, 이 말씀이다. 하지만 논증에 따라서는 어떤 전제가 다른 전제와 관련이 있는 경우가 있다. 이런 것은 다음에 배우게 될 것이다."

처음 들을 땐 별것 아닌 것 같았는데 한참 설명을 듣고 같이 고민하다 보니 전제와 결론이 관련이 있다, 없다의 문제가 쉽지만은 않아 보였다. 하지만 걱정이 되지는 않았다. 앞으로 예를 통해 많이 연습하다 보면 알게 되겠지. 여기서는 개념 정도만 알면 되는 것 아닌가. 다음으로 넘어가면 좋겠다.

이것만은 꼭!
정리 03

좋은 논증의 첫 번째 조건은 관련성이다. 즉 전제와 결론이 관련이 있어야 한다는 것이다. 그렇다면 전제와 결론이 관련이 있다, 없다의 기준은 무엇인가? 그것은 전제의 참·거짓이 결론의 참·거짓에 영향을 끼치느냐의 여부이다.

예를 들어 경찰이 되는 데 키가 문제가 되느냐의 경우, 키가 165cm가 넘는다고 해도, 즉 참이라고 해도 경찰이 되는 것과 관계가 없고 키가 165cm가 안 된다고 해도, 즉 거짓이라고 해도 경찰이 되는 것과 관계가 없다. 이런 경우 관련이 없다고 한다.

또, DNA 검사에 의해 친자 확인을 하는 경우 DNA 검사 결과가 친자가 아니라고 나오면 바로 친자가 아닌 게 되고, 검사 결과가 친자라고 나오면 바로 친자가 된다. 이런 경우 전제의 참·거짓이 결론의 참·거짓에 결정적 영향을 미치므로 관련이 있다고 한다.

하지만 논증에 따라서는 어떤 전제가 직접 결론과 관련은 없지만 다른 전제와 관련이 있는 경우도 있어 찬찬히 따져 봐야 한다.

전제는
참이어야 한다

두번째 조건은 뭔가요?

다음 조건은 뭘까? 이때 스크린이 내려왔다. 멘토는 스크린 위를 읽어보라고 했다.

> 2020년까지 86만 명이 담배 때문에 목숨을 잃을 것이란 연구 결과가 나왔다. 연세대 보건대학원 지선하 교수팀이 1993년부터 100만 명 이상의 건강 관련 정보를 추적 조사한 결과다. 연구팀은 1992~95년 건강검진을 받은 공무원, 사립학교 교직원 및 가족 117만 8,138명을 대상으로 2004년 12월까지 질병 발생 현황을 추적했다. 이어 흡연의 위험도를 측정했다. 그 결과 2003년 한 해에만 흡연이 원인으로 사망한 사람이 4만 639명으로 나타났다. 또 1981~2003년 흡연 관련 사망자는 총 61만 8,863명으로 추정됐다. 연구팀이 데이터를 근거로 통계기법을 이용해 2001~2020년 흡연 관련 사망자를 계산한 결과 무려 106만 7,499명이었다. 지금부터 2020년까지 86만 4,456명이 담배 때문에 사망하는 것으로 추정된다. — 동아일보, 2005. 7. 5.

"이 기사에서 말하고자 하는 결론이 무엇인 것 같으냐?"

멘토가 손을 턱에 괴고는 조금은 진지한 얼굴로 물었다.

말하고자 하는 결론이 뭐냐고? 흠, 담배가 위험하니까 피우지 말라는 것 아닌가?

"담배 피우면 죽으니까 담배 피우지 말라는 것 같습니다."

"물론 그런 경고를 주기 위해 기사를 썼다고 할 수도 있지. 하지만 이 기사만을 보고 말해라. 너의 추측은 배제하고. 다시 읽어보아라."

다시 읽어보았다. 실제로 담배 피우지 말라는 얘기는 없었다. 담배를 피우면 죽을 확률이 높다는 것인데. 가만, 맨 앞에 나온 기사가 결론인가 보다. 연구 결과라는 말이 있네.

"'2020년까지 86만 명이 담배 때문에 목숨을 잃을 것이다'가 결론입니다."

"그렇지. 좋다. 그럼 전제는 무어냐? 이 역시 기사에서 찾아보면 된다."

다시 읽어야 되겠네. 읽어보자. 흠흠, 간단하네. 건강검진을 받은 사람들을 대상으로 발병 현황을 추적하고 그 추적 결과를 통계기법을 이용해 예측한 거네.

"전제는 1992~95년 건강검진을 받은 사람 117만여 명을 대상으로 2004년 12월까지 질병 현황을 추적했더니 1981~2003년 흡연 관련 사망자는 총 61만여 명으로, 이 데이터를 근거로 2001~2020년 흡연 사망자를 계산한 결과 106만여 명이었고 따라서 지금부터 2020년까지 86만여 명이 담배 때문에 사망할 것이다, 이런 정도가 될 것 같습니다."

"아주 잘 했어. 그런데 우리가 앞에서 했던 것처럼 논증의 형식으로 만들려면 번호를 매기고 전제와 결론을 구분하는 선을 긋는 것이 좋지. 한번 해보자고. 그리고 숫자라든가 통계치 등은 기사에 있는 그대로 정확히 옮길 필요가 있다."

"예. 그럼 전제의 번호는 차례대로 하면 되나요?"

"그렇지. 물론 문장으로 이루어져야 하고."

| 모호한 표현은 금물, 전제의 참·거짓 여부를 꼭 따져봐라 |

그럼 번호를 매겨보자. 이렇게 하면 되겠지?.

1. 연구팀은 1992~95년 건강검진을 받은 공무원, 사립학교 교직원 및 가족 117만 8,138명을 대상으로 2004년 12월까지 질병 발생 현황을 추적하였다.
2. 1981~2003년 흡연 관련 사망자는 총 61만 8,863명으로 추정됐다.
3. 이 데이터를 근거로 통계기법을 이용해 2001~2020년 흡연 관련 사망자를 계산한 결과 106만 7,499명이었다.

4. 따라서 지금부터 2020년까지 86만 4,456명이 담배 때문에 사망할 것으로 추정된다.

현민은 작성한 것을 조금은 자랑스럽게 멘토께 내밀었다.

"좋다. 잘했다. 그럼 물어보자. 전제 1은 사실이냐?"

"사실이겠지요. 연세대 보건대학원 교수팀은 믿을 만하지 않나요? 질병 발생 현황을 추적했겠지요."

"그럼 전제 2는 사실이냐?"

"사실 아닌가요? 전문가 집단의 연구 결과이지 않습니까."

"그래? 전문가라고 해서 반드시 맞는 것은 아니지. 도대체 흡연 관련 사망이라는 것이 무엇이냐? 흡연이 직접적인 원인이 된다는 것이냐? 아니면 직접 원인은 아니더라도 어쨌든 흡연과 관련이 있다는 것이냐?"

"무슨 말씀이신가요? 제가 알기로도 흡연은 심장병 발병률을 3배로 높이고 관상동맥 질환, 말초혈관 장애, 뇌혈관 장애에 악영향을 미치고, 여러 가지 장애인자가 복합되면 치명적인 장애를 일으킬 수 있습니다. 게다가 담배를 끊으면 1년 이내에 심장병에 걸릴 확률이 1/2로 감소하고, 2~10년이 되면 피우지 않는 사람과 같아집니다. 흡연과 폐암과의 관계는 잘 알려져 있지 않습니까."

"맞는 말이지. 근데 어떻게 그렇게 잘 알고 있느냐?"

현민의 해박한(?) 대답에 멘토가 물었다.

"제가 전에 담배 피웠을 때 교육 받은 것입니다."

현민이 쑥스러운 듯 뒷머리를 긁적이며 대답했다.

멘토의 설명이 이어졌다.

"하지만 흡연이 사망의 직접적인 원인이 되지는 않을 것이다.

심장병 발병 확률을 높이고 폐암에 걸릴 확률을 높이는 것뿐이지. 담배 피운다고 죽는 사람 봤냐? 에이즈에 걸리면 죽는다는 것은 참이겠지만 담배를 피우면 죽는다는 것은 참이 아니겠지. 그래서 전제 2에서도 애매하게 표현한 거야. '흡연 관련' 사망자라고. 흡연 관련이라…. 애매한 말이지. 이런 애매한 표현으로 된 전제를 받아들여야 할까?"

말이 좀 이상하게 전개되고 있구나. 정신을 바짝 차려야겠다. 다시 기사를 보자. 이런 게 있네. '그 결과 2003년 한 해에만 흡연이 원인으로 사망한 사람이 4만 639명으로 나타났다.' 그럼 이 기사는 잘못된 것이네. 흡연이 원인이 아니라 흡연 관련이 원인이 되어야겠네. 담배 피운다고 죽는 건 아니니까. 이런 생각을 하는데 멘토의 음성이 들렸다.

"일례로 윈스턴 처칠은 엄청난 애연가였는데 한 90까지 살았고, 장수 노인 중에도 애연가가 많다. 게다가 결론에는 '담배 때문에' 사망하는 것으로 추정된다는 표현을 쓰고 있다. 담배가 직접 원인인 것처럼 보이지 않냐? 그런데 전제 2는 분명 흡연 관련 사망자라고 말하고 있거든. 담배 때문에 사망하는 것과 담배와 관련해 사망하는 것은 전혀 다른 것이지. 어때? 전제 2가 사실이냐?"

"글쎄요. 말씀을 듣고 보니 흡연 관련이라는 말이 애매하다는 생각이 듭니다. 어디까지가 흡연과 관련이 있다고 말해야 하는지 잘 모르겠습니다. 흡연이 각종 질병에 걸려 사망에 이르도록 촉진한다는 의미인가 하는 생각도 들고요. 어쨌든 처음에 가졌던 확신이 사라진 것만은 분명합니다."

"그것으로 충분하다. 앞으로는 반드시 전제의 참을 의심하고 꼼꼼히 따져봐야 한다. 좋은 논증이 되려면 전제가 참이어야 하거든. 그래야 결론도 믿을 수 있는 것이니까. 흡연에 관해서는 흡연 관련이 구체적으로 무엇을 말하는지, 즉 범위가 어디까지인지를 모르고서는 받아들일지를 결정할 수는 없다. 따라서 아직은 좋은 논증이 아닌 것이지."

"잘 알겠습니다. 그럼 전제의 참이 확실한 논증은 없습니까?"

"왜 없어! 여기 있다. 다음 논증을 봐라."

스크린을 보니 짧은 논증이 있었다.

1. 사채업자 살인사건은 2005년 7월 13일 오후 7시 12분에 일어났다.

2. 만사마는 그 시각에 웃찾사 녹화 중이었다.

3. 따라서 만사마는 범인이 아니다.

이건 나도 알겠다. 알리바이를 말하는 거잖아. 전제 1이 참이고, 즉 사실이고 전제 2가 참이라면 당연히 결론도 참이다. 이런 논증이잖아. 이쯤은 나도 알고 있지.

"알고 있다는 표정이군. 전제 1의 사실 여부는 확인해보면 되고 전제 2 역시 확인해보면 된다. 전제 1과 2가 모두 참이라면 만사마는 범인이 아니라고 할 수 있지. 이런 경우 전제가 참인지

거짓인지는 조사해보면 알 수 있다. 앞의 흡연 논증처럼 전제의 참을 가리는 데 까다로운 문제는 없어. 흡연 관련이라는 식의 애매한 표현은 없기 때문이다."

"전제가 참이냐는 것이 중요한 문제인 줄 알겠지만 참이냐를 받아들이는 것은 알리바이 논증처럼 간단하지는 않다는 것을 알겠습니다."

"좋은 일이다. 그런데 한 가지 재미로 물어보자. 알리바이 논증에서 전제가 모두 참이라면 결론, 즉 만사마는 범인이 아니다가 참이 되는가? 어때? 만사마가 살인사건이 일어난 시각에 다른 장소에 있었다면 범인이 아니지 않을까?"

이건 또 무슨 소린가? 알리바이가 성립되면 범인이 아니지 않은가. 가만, 생각을 좀 해보자. 영화에서 본 것 같다는 생각이 떠올랐다. 자신이 직접 살인을 저지르진 않지만 다른 사람에게 시키는 경우도 있었고 살인이 발생하도록 미리 장치를 해놓는 경우도 있었다. 따라서 알리바이가 성립돼도 범인일 가능성이 있는 것이다. 현민은 목소리를 가다듬고 말했다.

"꼭 그렇지마는 않습니다. 만사마가 살인을 교사할 수도 있고 공범일 수도 있으니까요."

"그렇지, 그렇지. 수업을 잘 듣고 진지하게 생각하는 버릇이 들더니 이제는 제법이구나."

"그런데 한 가지 궁금한 게 있습니다. 만사마의 경우처럼 전제가 참이어도 결론이 참일 수도 있고 아닐 수도 있나요?"

"당연하지. 좋은 논증이 되기 위한 세 번째 조건을 공부하다 보면 그런 의문은 자연스레 풀릴 것이다."

정리 04 이것만은 꼭!

좋은 논증의 두 번째 조건은 전제는 참이어야 한다는 것이다. 다음의 논증을 예로 들어보자.

1. 연구팀은 1992~95년 건강검진을 받은 공무원, 사립학교 교직원 및 가족 117만 8,138명을 대상으로 2004년 12월까지 질병 발생 현황을 추적하였다.
2. 1981~2003년 흡연 관련 사망자는 총 61만 8,863명으로 추정됐다.
3. 이 데이터를 근거로 통계기법을 이용해 2001~2020년 흡연 관련 사망자를 계산한 결과 106만 7,499명이었다.

4. 따라서 지금부터 2020년까지 86만 4,456명이 담배 때문에 사망할 것으로 추정된다.

전제 2와 3에서는 '흡연 관련 사망자'라는 애매한 표현을 쓰고 있다. 게다가 결론에는 '담배 때문에' 사망할 것으로 추정된다는 표현을 쓰고 있다. 담배가 직접 원인인 것처럼 보이지만 전제 2는 분명 '흡연 관련 사망자'라고 말하고 있다. 담배 때문에 사망하는 것과 담배와 관련해 사망하는 것은 전혀 다른 것인데도 말이다.

따라서 '흡연 관련'이 구체적으로 무엇을 말하는지, 즉 범위가 어디까지인지를 모르고서는 위의 전제를 받아들일지를 결정할 수는 없다. 그러므로 위의 논증은 좋은 논증이 아니라고 할 수 있다.

반면 다음의 논증을 보면 전제가 참임을 알 수 있다.

> 1. 사채업자 살인사건은 2005년 7월 13일 오후 7시 12분에 일어났다.
> 2. 만사마는 그 시각에 웃찾사 녹화 중이었다.
>
> 3. 따라서 만사마는 범인이 아니다.

이 경우 전제 1, 2가 참인지 거짓인지는 조사해보면 알 수 있다. 앞의 흡연 논증처럼 '흡연 관련'이라는 애매한 표현도 없다.

전제는 결론을
뒷받침하기에 충분해야 한다

결정적 근거를
찾으라는 말이잖아!

"좋은 논증이 되기 위해서는 첫째, 전제와 결론이 관련이 있어야 하고 둘째, 전제가 참이어야 한다는 것은 알겠습니다. 세 번째 조건은 무엇인가요?"

"서두르지 마라. 알리바이 예를 다시 생각해보자. 만사마가 살인 사건이 일어난 시각에 녹화 중이었기에 알리바이가 성립했다고 해서 만사마가 범인이 아니라고 결론지을 수는 없지 않았느냐. 왜냐하면 살인을 교사할 수도 있고 공범일 수도 있으니까. 다시 말해서, 알리바이 논증에서 전제 1과 2로는 만사마가 범인이 아니라는 결론을 내리기에 충분하지 않다는 것이지. 무슨 말인지 알겠느냐?"

"예. 전제는 결론을 뒷받침하기에 충분해야 한다, 그런 말씀 아니신가요?"

"그렇지. 그게 바로 좋은 논증의 세 번째 조건이다. 결론을 받아들이기에 충분한 전제를 제공해야 좋은 논증이 된다는 것이지. 따라서 알리바이 논증은 다음과 같이 고치면 더 좋은 논증이 되겠지. 자 봐라."

멘토의 말이 끝나자 스크린 위에 보충된 알리바이 논증이 떴다.

1. 사채업자 살인사건은 2005년 7월 13일 오후 7시 12분에 일어났다.
2. 만사마는 그 시각에 웃찾사 녹화 중이었다.
3. 만사마가 살인 사건과 연관되었다는 증거는 발견되지 않았다.

4. 따라서 만사마는 범인이 아니다.

아하! 전제 3번이 보완되니까 만사마가 범인이 아니라는 결론이 말이 되는구나. 별로 어려워 보이지 않는데. 또 그렇지 않은 예를 보여주겠지? 그게 멘토의 취미인 것 같아. 멘토를 쳐다보았다. 역시나 다른 예를 보자고 한다.

| 결정적인 근거를 제시해야 한다 |

"이런 예는 어떠냐? 실제로 있었던 사건인데 프랑스의 이브 몽탕이라는 유명한 가수 겸 배우가 있었는데 죽은 후에 친자 확인 소송이 제기되었어. 근거는 이런 것들이었지. 이 여자가 이브 몽탕과 매우 흡사하다는 것, 그리고 이브 몽탕이 이 여자의 어머

니가 살던 곳을 방문한 적이 있었다는 것이었어. 논증으로 만들면 이렇게 되겠지.

> 1. 이브 몽탕이 이 여자의 어머니가 살던 곳을 방문한 적이 있다.
> 2. 이 여자는 이브 몽탕과 매우 닮았다.
> ―――――――――――――――――――――――――
> 3. 따라서 이 여자는 이브 몽탕의 딸이다.

이 논증을 검토해보자. 우선 우리가 배운 기준 두 가지를 적용해보자. 첫째가 뭐였지? 그래, 관련성이지. 전제와 결론이 관계가 있느냐는 것이지. 어때? 이 경우 관련이 있나?"

"관련이 많습니다. 그거야 의문의 여지가 없을 것 같은데요. 생김새와 방문, 다 관련이 있습니다."

"나도 그렇게 생각한다. 그럼 두 번째 기준을 적용해보자. 두 번째 기준은 전제의 참인데 이 논증의 전제는 참이냐?"

"전 모르지요. 제가 확인할 수도 없고요."

"확인할 수는 없지만 사실이라고 하자. 신문에 의하면 이브 몽탕의 방문을 본 증인도 있었다고 하고 사진으로 봐도 매우 닮았다고 하니 일단 사실이라고 하자. 문제는 전제가 둘 다 사실이라고 할 때 결론을 받아들일 수 있느냐는 것이지. 어떠냐, 너는?"

생각을 해보자. 가능성은 높아 보이는데…. 외모도 닮은 데다 그곳에 간 적도 있었다면, 게다가 이브 몽탕은 유명한 플레이보이니까 그럴 가능성도 있어 보이는데…. 하지만 뭔가 허전하군.

유명 스타의 돈을 노리고 그런 소송을 내는 사람은 많으니까.

"잘 모르겠습니다. 하지만 뭔가 결정적인 근거가 없는 것 같습니다."

"예를 들면 어떤 결정적 근거가 있으면 되겠느냐?"

"요즘 친자 확인은 DNA 검사를 통해 하지 않습니까? 유전자 검사면 결정적인 근거가 될 것 같습니다."

"그렇지. 그렇지 않아도 유전자 검사를 위해 이브 몽탕이 죽은 후 몇 년이 지난 후에 관을 열고 DNA를 채취했지."

"어떻게 됐습니까?"

"일치하지 않는 것으로 판명 났다. 다시 말해서, 친자가 아닌 것이지."

"그렇다면 유전자 검사 결과만으로도 충분한 근거가 된다는 말씀이신가요?"

"충분하다고 할 수 있다. 다음과 같이 논증을 구성할 수 있다는 말이지."

멘토가 손가락으로 스크린을 가리켰는데 스크린 위에는 아주 단순한 논증이 쓰여 있었다.

> 1. 그 여자의 DNA 감식 결과 이브 몽탕의 것과 일치하지 않았다.
>
> 2. 따라서 그 여자는 이브 몽탕의 딸이 아니다.

"간단하지 않느냐? 하지만 좋은 논증이다. 왜냐하면 전제와 결론이 관련이 있고, 전제가 참이며, 전제가 결론을 뒷받침하기에 충분하기 때문이지."

| '충분한 근거' 라는 개념에는 논란의 여지가 있다 |

"그렇군요. 그런데 모든 논증이 지금의 예와 같이 전제가 결론을 뒷받침하기에 충분하지는 않겠지요? 까다로운 경우는 어떤 때인가요?"

"전제가 많다고 해서 결론에 대해 충분한 근거가 되는 것은 아니다. 될 수 있는 한 결정적인 근거가 있는 것이 좋지. 보통의 경우 충분한 근거라는 개념에서 도대체 어디까지가 충분한 것인지에 대해서는 논란이 있다. 예를 들어볼까?"

멘토는 자료를 검색하는 것 같았다. 뒤로 돌아서서 무엇인가를 계속 누르고 있었기 때문에 그렇게 보였던 것이다. 잠시 후 무엇인가를 찾은 표정으로 멘토는 돌아서서 말했다.

"대우 사태에 대해 어떻게 생각하느냐? 대우 부도, 아니 몰락이라고 해야 하나. 어쨌든 대우가 망한 중심에 김우중 전회장이 있는데 다음의 기사를 보고 대우 부도의 원인이 무엇인지를 생각해보자."

그리 길지 않은 신문 기사가 스크린 위에 나타났는데 다음과 같았다.

> 이 같은 김 전회장 측의 전략에 검찰의 대응은 단호하다. 검찰 관계자는 "수사의 핵심은 대우가 왜 망했는가의 진실을 파헤치는 것"이라며 "대우 부도는 국가경제와 국민들에게 너무 큰 피해를 줬고 김 전회장은 진심으로 반성해야 한다."고 강조했다. 검찰의 수사 전략은 천문학적 분식회계와 사기대출, 국외 재산도피 등 김 전회장의 방만한 경영이 대우 부도에 결정적인 책임이 있다는 것을 입증, 김 전회장을 일벌백계한다는 것이다. ─ 경향신문, 2005. 6. 17.

"이 기사를 바탕으로 할 때, 검찰이 생각하는 대우 부도의 원인이 무엇인 것 같으냐?"

"천문학적 분식회계, 사기대출, 국외 재산도피 등이라고 되어 있는데요."

"논증으로 만들면 어떻게 되겠느냐? 즉 전제와 결론 형식으로 만들면 말이다. 결론은 '대우는 망했다' 겠지. 그럼 전제는 무엇이겠느냐?"

"전제는 분식회계, 사기대출, 국외 재산도피 등의 방만한 경영이 될 것 같습니다."

"그럼 이렇게 논증으로 만들 수 있겠다."

바로 스크린에 아래의 논증이 떴다.

> 1. 대우는 방만한 경영을 했다.
> 2. 대우는 천문학적 분식회계를 했다.
> 3. 대우는 사기대출을 했다.
> 4. 대우는 국외 재산도피를 했다.
> ―――――――――――――――
> 5. 따라서 대우는 망했다.

"이 논증은 관련성, 전제의 참의 기준으로 보면 좋은 논증이냐? 어떠냐?"

음, 생각해보자. 다 관련이 있는 것 같다. 방만한 경영, 분식회계, 사기대출, 국외 재산도피, 이런 것들과 회사가 망하는 것과는 당연히 관련이 있겠지. 좋지 않은 것들인데 회사가 망하는 것과 관계가 없을 리가 없어. 그 다음은 전제가 사실이냐인데, 그건 잘 모르겠다. 물어보자.

"전제가 사실인지는 모르겠는데요."

"그건 내가 알려주마. 김 전회장도 시인했고 검찰도 구체적 증거를 제시했다. 따라서 사실이라고 봐도 된다. 단, 전제 1은 '방만한'이란 말이 너무 막연하고 기준을 정하기 어려우므로 전제 2, 3, 4가 방만한 경영의 구체적 사례라고 보면 된다."

"그렇군요. 그럼 관련성과 전제의 참은 문제가 없는 것 같습니다."

"그래 보이지. 그런데 전제가 결론과 관련이 있고 전제가 참이라고 해서 대우가 이런저런 이유로 망했다는 결론을 수긍하겠느냐?"

"무슨 말씀이신가요?"

"분식회계나 사기대출, 국외 재산도피로 인해 대우가 망했다고 생각되느냐는 말이다."

"그런 생각이 드는데요. 왜 그러십니까? 무슨 문제가 있습니까?"

"생각을 해보자. 지금 와서 많은 대기업이 고백하듯이 분식회계와 그에 바탕한 사기대출은 대우만의 문제는 아니었다. 얼마 전에는 정부가 분식회계를 고백하면 정상참작 하겠다는 식의 발표도 했었지. 그러니 대우가 분식회계나 사기대출로 인해 망했다면 다른 기업도 망했어야 하는데 그렇지 않았다. 현대는 특혜를 받아 회생했거든."

지금 무슨 얘기가 진행 중인가! 좀 더 들으면 또 넘어가겠다. 다른 대기업도 마찬가지 문제를 갖고 있었는데 유독 대우만 망한 이유가 뭔가? 이걸 말하고 있구나. 하긴 당시의 대기업 중 대우만 문제가 있었을 것 같지는 않지만 그래도 대우가 가장 문제가 많았던 것 아닐까?

멘토가 무슨 생각에 잠겨 있다는 듯이 헛기침을 하면서 말을 했다.

"내 말은, 기사의 내용이 다 맞는 말이긴 한데 대우가 망한 이유를 설명하기에는 뭔가 빠져 있다는 것이지. 즉 전제가 결론을 지지하기에 충분하지 않다는 것이야."

"제가 들은 바로는 정부가 대우를 표적으로 삼았기 때문이라고 하던데요. 만약 그것이 사실이라면, 즉 정부가 IMF 사태를 진정시키기 위해 시범이 필요했다는 이유가 추가되면 대우가 망한 이유에 대해 충분한 설명이 될까요?"

"그럼 이렇게 논증이 구성되겠구나."

스크린 위에 새로운 논증이 나타났다.

---

1. 대우는 방만한 경영을 했다.
2. 대우는 천문학적 분식회계를 했다.
3. 대우는 사기대출을 했다.
4. 대우는 국외 재산도피를 했다.
5. 정부가 IMF 사태를 벗어나기 위해 대우를 시범 케이스로 삼았다.

6. 따라서 대우는 망했다.

"어때, 충분하냐?"

"충분하기에 앞서 새로 추가된 전제 5가 사실인가를 먼저 확인할 필요가 있지 않을까요? 정말 정부가 시범 케이스로 대우를 부도 처리한 것인가요?"

"글쎄다. 내가 알 수가 있나. 그거야 몇 명만이 알고 있겠지. 그리고 한 20년 지난 후 '이제는 말할 수 있다'에나 나오지 않겠느냐. 사정이 이러하니 대우 부도 사태를 두고 무궁무진한 추측 기사가 나오는 것이지. 어느 것을 들이대도 사실 확인이 어렵고 또한 충분한 근거가 되지도 않으니 말이다."

멘토의 얼굴에 복잡한 표정이 얼핏 스쳐 지나갔다. '세상사란 참으로 복잡한 것이지. 아는 것이 많아지는 만큼 모르는 것이 더욱더 많아져 가는 것이니까. 진실이란 것이 있는 것일까?' 하는 표정으로 보였다. 하지만 그런 표정이 나타났다 사라진 것은 짧은 순간이었기에 잘못 본 것인지도 몰랐다.

"그럼 이 논증은 좋고 나쁘고를 판단할 수 없다는 얘긴가요?"

"아니, 할 수 있단다. 다만 전제의 참을 확인하기 위해서는 많은 시간과 노력이 필요하다는 거지."

정리 05

좋은 논증의 세 번째 조건은 전제는 결론을 뒷받침하기에 충분해야 한다는 것이다.
논증 a와 논증 b를 비교해보자.

논증 a
1. 사채업자 살인사건은 2005년 7월 13일 오후 7시 12분에 일어났다.
2. 만사마는 그 시각에 웃찾사 녹화 중이었다.

3. 따라서 만사마는 범인이 아니다.

논증 b
1. 사채업자 살인사건은 2005년 7월 13일 오후 7시 12분에 일어났다.
2. 만사마는 그 시각에 웃찾사 녹화 중이었다.
3. 만사마가 살인 사건과 연관되었다는 증거는 발견되지 않았다.

4. 따라서 만사마는 범인이 아니다.

논증 a에서 전제 1과 2로는 만사마가 범인이 아니라는 결론을 내리기에 충분하지 않다. 만사마가 현장에 없었다 하더라도 살인을 교사하거나 공범일 가능성이 있기 때문이다.
하지만 논증 b는 전제 3이 보완됨으로써 만사마가 범인이 아니라는 결론을 내릴 수 있고, 좋은 논증이라고 할 수 있다.
그런데 모든 논증이 이와 같지는 않다. 전제가 많다고 해서 결론에 대해 충분한 근거가 되는 것은 아니다. 될 수 있는 한 결정적인 근거가 있어야 좋다. 보통의 경우 충분한 근거라는 개념에서 도대체 어디까지가 충분한 것인지에 대해서는 논란이 있다. 예를 들면 다음과 같은 경우다.

논증 c
1. 대우는 방만한 경영을 했다.
2. 대우는 천문학적 분식회계를 했다.
3. 대우는 사기대출을 했다.
4. 대우는 국외 재산도피를 했다.
5. 정부가 IMF 사태를 벗어나기 위해 대우를 시범 케이스로 삼았다.

6. 따라서 대우는 망했다.

논증 c의 경우 전제가 결론과 관련이 있고 전제가 참이라고 해서 대우가 망했다는 결론을 쉽게 수긍할 수 없다. 지금 와서 많은 대기업이 고백하듯이 분식회계와 그에 바탕한 사기대출은 대우만의 문제는 아니었다. 얼마 전에는 정부가 분식회계를 고백하면 정상참작 하겠다는 식의 발표도 했었다. 그러니 대우가 분식회계나 사기대출로 인해 망했다면 다른 기업도 망했어야 하는데 그렇지 않았다. 현대는 특혜를 받아 회생했다. 즉 전제가 결론을 지지하기에 충분하지 않다는 것이다.
여기에 정부가 IMF 사태를 벗어나기 위해 대우를 시범 케이스로 삼았다는 전제를 추가한다고 해도 그것이 사실인지 여부를 확인하기 어렵고 충분한 근거가 되지 않기는 마찬가지다.

반론을 염두에
두어야 한다

이제 마지막 조건이 남아 있는 것 같은데, 뭘까?

"좋은 논증이 되려면 전제가 결론과 관련이 있어야 하고, 전제가 참이어야 하며, 또한 결론을 받아들일 수 있을 정도로 전제가 충분해야 한다는 것까지 알겠습니다. 앞서 좋은 논증이 되려면 네 가지 조건이 있다고 하셨는데, 나머지 한 가지 조건은 무엇입니까?"

현민이 자못 궁금하다는 듯이 질문했다.

"그래, 알려주마. 좋은 논증이 되려면 반론을 예상하고 먼저 제압해야 한다. 어떤 주장에도 반론은 가능하다. 반론이 가능하지 않은 논증이라면 잘못된 것이거나 좋지 않은 것이다."

무슨 말인가? 반론이 가능하지 않은 논증이 있다는 말인가? 어떤 것이지? 멘토를 쳐다보았다. 멘토는 그 마음을 알겠다는 듯한 표정을 지으며 스크린 위의 두 주장을 보여주었다.

> 1. 해방 이후 이 땅의 교육은 모두 미 제국주의를 위한 것이었다.
> 2. 이런 주장에 반대하는 자는 바로 미 제국주의 교육이 얼마나 성공적인가를 보여주는 살아 있는 사례이다.

멘토가 물었다.

"주장 1을 받아들이겠느냐? 해방 이후 이 땅의 교육은 사실은 미국의 제국주의에 봉사하도록 하는 것이었다는 게 맞다고 생각하느냐?"

"아니라고 생각하는데요. 너무 심한 표현이라고 생각합니다."

"그럼 주장 1을 반대하는 것이구나."

"예, 그렇습니다."

"그렇다면 바로 주장 2번에 해당된다. 그런 주장에 반대하는 사람이야말로 미 제국주의 교육의 성공 사례이니 말이다."

"그럼 어떻게 해도 한국이 미 제국주의 교육을 해왔다는 것을 받아들이게 된다는 것입니까?"

"그렇다. 이런 경우 반론이 불가능하지 않겠느냐. 이런 식의 논증은 잘못된 것이다. 좋은 논증은 반드시 반박이 가능해야 한다. 아주 중요한 조건이다. 완전무결한 논증은 존재하지 않을 뿐 아니라 좋지도 않은 것이다."

멘토의 말을 듣는 순간 의문이 떠올랐다.

| 예상되는 반박을 잠재우는 전제가 있어야 한다 |

"한 가지 이해가 되지 않습니다. 반박이 가능한 논증이어야 좋은 논증이라고 하시면서 좋은 논증의 조건으로 반론을 염두에 두고 그 반론을 잠재워야 한다고 하시는 이유는 무엇입니까?"

"그래, 예를 들어보자. 박정희는 위대한 대통령이라고 주장하고 싶다고 하자. 그럼 근거를 대야 하지 않겠냐. 어떤 전제를 대야겠냐?"

"배운 대로 하자면 관련이 있어야 하고 참이어야 하고 또한 결론을 지지하기에 충분해야 합니다."

"구체적으로 어떤 전제가 가능하겠느냐?"

음, 어떤 근거로 박정희가 위대한 대통령이라고 말할 수 있나? 생각나는 대로 얘기해보자.

"우선 경제 발전을 시킨 것이겠지요. 가난에서 우리나라를 해방시킨 공이 가장 크다고 봅니다. 다음으로는 자주국방의 기틀을 마련한 것 아닐까요? 국방력의 증강으로 자존심을 세우게 됐다고 생각합니다. 음, 그리고 정신적으로는 하면 된다는 정신을 불어넣은 것이 아닐까요? 이 정도면 충분하지 않은가요?"

"그래, 충분하다고 하자. 하지만 예상되는 반박이 있지 않겠느냐? 무엇이겠느냐?"

"그거야 민주주의를 탄압했다는 것 아니겠습니까? 인권을 탄압하고 민주질서를 깨뜨린 것은 위대한 대통령과는 어울리지 않는데요."

"그렇지. 박정희가 위대한 대통령이라는 주장에 가장 강력한 반박은 민주주의 탄압이지. 따라서 박정희가 위대한 대통령이라는 주장을 성공적으로 하려면 민주주의를 탄압했지만 왜 여전히 위대한가를 먼저 전제로 제시해야만 좋은 논증이 된다는 것이다. 두 논증을 비교해보자."

다시 스크린이 내려오면서 화면 위쪽과 아래쪽에 논증이 하나씩 보였다.

논증 a

1. 박정희는 경제발전을 이룩해 가난에서 이 나라를 해방시켰다.
2. 박정희는 자주국방의 기틀을 마련하여 국가의 자존심을 세웠다.
3. 박정희는 하면 된다는 정신을 심어주었다.

4. 따라서 박정희는 위대한 대통령이다.

논증 b

1. 박정희는 경제발전을 이룩해 가난에서 이 나라를 해방시켰다.
2. 박정희는 자주국방의 기틀을 마련하여 국가의 자존심을 세웠다.
3. 박정희는 하면 된다는 정신을 심어주었다.
4. 박정희가 민주주의를 탄압했다고 하지만 국가발전을 위해 불가피한 과정이었다.

5. 따라서 박정희는 위대한 대통령이다.

"두 논증의 차이가 무엇이냐?"
"단순해 보이는데요. 전제 4가 있고 없고의 차이 아닙니까."
"그 차이가 무슨 차이라고 생각하느냐?"
"그거야 전제 4는 결론에 대해 예상되는 반박을 제시하고 그것에 대해 공격을 하는 것이지요. 다시 말해서, 박정희가 위대한 대통령이라고 주장하면 민주주의를 탄압했었기 때문에 위대한 대통령이 아니라는 반론이 나올 수 있기 때문에 이 예상되는 반론에 대해 민주주의 탄압은 국가발전을 위해 불가피했었다고 주장함으로써 예상반박을 무력화시키려 한다는 것입니다."
"아주 좋아. 제대로 배웠구나. 바로 그 말이다."
멘토는 매우 흡족한 미소를 띠며 현민을 바라보았다. 이제 제법 생각을 할 줄 아는구나. 글쓰기가 결국은 논리력 내지 사고력의 경연장인데 사고력이 무럭무럭 자라고 있다는 생각이 들었기 때문이었다.
문답을 통해 현민의 사고력이 점차 발전하고 있는 것은 사실로 보였다. 의심하고 따지고 그리고 자신의 생각을 정리하고, 이런 과정을 밟고 있는 것이다. 그렇다고 해서 특별히 잘한다는 것은 아니었다. 다만 희망이 보인다는 것뿐이었다.
다시 자세를 고치고 멘토가 물었다.
"잘 이해했구나. 그런데 논증 b의 전제 4는 참이냐?"
"국가발전을 위해 민주주의를 탄압한 것이 불가피했다고 저는 생각하지 않습니다. 민주주의 발전과 국가발전은 동시에 시행될 수 있는 것 아닙니까. 그것은 독재 권력을 강화하기 위한 변명에 지나지 않는다고 생각합니다."

"그러니까 민주주의와 국가발전은 양립이 가능하다는 말이구나. 내가 이런 질문을 던진 것은 이 전제가 참이냐를 따지기 위한 게 아니다. 그것은 논증 b의 전제 4가 반론을 염두에 두고 그 반론을 잠재우기 위해 제시되었다는 것이다. 이 점에서 논증 b가 논증 a보다는 더 좋은 논증이라는 얘기다."

"일단 반박 잠재우기를 시도하였기 때문에 더 좋은 논증이다, 이런 말씀이시죠?"

"그렇다. 좋은 논증이 되기 위해선 반드시 예상되는 반박을 잠재우는 전제가 등장해야 한다. 앞에서 보았듯이 반박이 불가능한 논증은 잘못된 논증이므로 잘못된 논증이 아니라면 반드시 반론이 있을 것이고, 그것을 효과적으로 방어하지 못하면 논증이 무너지게 된다."

| 가장 강력한 반박을 예상하고 공격을 가하라 |

"잘 알겠습니다. 그런데 예상되는 반박도 여러 가지가 있을 수 있는데, 가장 강력한 반박에 대해 공격을 가하는 게 효과적이겠지요?"

"당연하지. 언젠가 대통령 선거에서 이회창 씨가 후보로 나온

적이 있었는데 낙선하고 말았지. 여러 가지 원인이 있었겠지만 아무래도 두 아들이 군대에 가지 않았다는 것 아니었겠느냐. 이런 경우를 논증으로 만들어보면 어떻게 되겠느냐? 어렵게 생각하지 말고 결론을 '이회창이 대통령이 되어야 한다'로 하고 전제를 만들어보아라."

너무 어려운 문제를 내는군. 이회창 씨는 능력이 있고 청렴한 인물로 알려져 있지 않았었나? 그것 가지고는 부족하고 좀 더 구체적으로 생각해보자. 여러 가지 생각이 떠올랐다. 생각을 정리한 후에 현민은 논증을 만들었다. 아니, 정확히는 전제를 구성해 보았다.

> 1. 이회창 씨는 대법관 역임이 말해주듯 국가 통치에 필수적인 법에 정통하다.
> 2. 이회창 씨는 공직을 통해 청렴함이 증명되었다.
> 3. 이회창 씨는 감사원장, 국무총리를 지냄으로써 행정 경험을 갖고 있다.
>
> 4. 따라서 이회창 씨는 대통령이 되어야 한다.

"구성해보았습니다. 어떻습니까?"
"좋은데 방금 배운 것을 활용하지 않았구나. 이회창 씨가 대통령이 되어야 한다는 것에 반대하는 사람들이 주장할 수 있는 것이 많이 있겠으나 가장 치명적인 것은 역시 조금 전에 말한 대로 아들의 군대 문제가 아니겠느냐. 그럼 이런 예상되는 가장 강한 반론에 대해 미리 제압하는 것이 필요하겠지. 그게 빠진 것 같다. 그걸 넣어서 다시 만들어보아라."

아들이 둘 다 군대에 안 갔다는 것에 대해 뭐라 해명할 것인가? 이 문제를 다루어야 좋은 논증이 된다는 말씀이신데, 뭐라 해명하면 되는가? 현민은 잠시 생각에 잠겼다. 그래, 이렇게 해 보자. 현민은 전제 4를 추가하였다.

전제 4 이회창 씨 아들은 군대에 가지 않았지만 그것은 적법한 검사에 의한 것이었으며 고의적인 병역 기피는 아니었다.

"어디 보자. 그래. 반론을 염두에 두고 해명을 하였구나. 이런 식으로 해야 한다는 것이다. 물론 전제 4가 사실인지는 다시 따져봐야 할 문제이긴 하지만 어쨌든 반박 잠재우기가 있어야 더 좋은 논증이 된다는 사실을 잊지 말아라."

정리 06 이것만은 꼭!

좋은 논증이 되려면 첫째, 전제가 결론과 관련이 있어야 하고 둘째, 전제가 참이어야 하며 셋째, 결론을 받아들일 수 있을 정도로 전제가 충분해야 하고, 마지막으로 반론을 예상하고 그 반론을 잠재울 수 있는 전제가 있어야 한다. 특히 예상되는 반박도 여러 가지가 있을 수 있는데 가장 강력한 반박에 대해 공격을 가하는 게 효과적이다.

어떤 주장에도 반론은 가능한데 반론이 가능하지 않은 논증이라면 잘못된 것이거나 좋지 않은 것이다.

다음의 예를 보자.

논증 a

1. 박정희는 경제발전을 이룩해 가난에서 이 나라를 해방시켰다.
2. 박정희는 자주국방의 기틀을 마련하여 국가의 자존심을 세웠다.
3. 박정희는 하면 된다는 정신을 심어주었다.

4. 따라서 박정희는 위대한 대통령이다.

논증 b
1. 박정희는 경제발전을 이룩해 가난에서 이 나라를 해방시켰다.
2. 박정희는 자주국방의 기틀을 마련하여 국가의 자존심을 세웠다.
3. 박정희는 하면 된다는 정신을 심어주었다.
4. 박정희가 민주주의를 탄압했다고 하지만 국가발전을 위해 불가피한 과정이었다.
5. 따라서 박정희는 위대한 대통령이다.

논증 b의 전제 4는 결론에 대해 예상되는 반박을 제시하고 그것에 대해 공격을 하고 있다. 다시 말해, 박정희가 위대한 대통령이라고 주장하면 민주주의를 탄압했기 때문에 위대한 대통령이 아니라는 반론이 나올 수 있기 때문에 이 예상되는 반론에 대해 민주주의 탄압은 국가발전을 위해 불가피했었다고 주장함으로써 예상 반박을 무력화시키려 한 것이다. 이 점에서 논증 b가 논증 a보다는 더 좋은 논증이라고 할 수 있다.

었다는 말도 있었다. 또 책은 없고 이상한 시스템만 있다는 이야기도 들렸다. 자세히는 모르겠으나 말이 도서관이지 모든 학원 같은 곳이라는 소문도 있었다. 입장료는 무료이고 시간제한은 없다고 하는데 실제로 어떤 곳인지는 생긴 지 얼마 되지 가본 사람이 많지 않아 정확히는 알 수 없었다. 들리는 말로는 기적의 도서관에는 종이로 된 책은 한 권도 없다고 했다. 사람이 한 명도 없는데 신기하게도 모든 책을 읽을 수 있다는 말도 있었다. 또 책은 없고 이상한 시스템만 있다는 모르겠으나 말이 도서관이지 모든 것을 가르쳐주는 학원 같은 곳이라는 소문도 있었다. 입장료는 무료이고 시간제한은 실제로 어떤 곳인지는 생긴 지 얼마 되지 않기 때문에 가본 사람이 많지 않아 정확히는 알 수 없었다. 들리는 말로는 기적의 종이로 된 책은 한 권도 없다고 했다. 그리고 관리하는 사람이 한 명도 없는데 신기하게도 모든 책을 읽을 수 있다는 말도 있 었고 이상한 시스템만 있다는 이야기도 들렸다. 자세히는 모르겠으나 말이 도서관이지 모든 것을 가르쳐주는 학원 같은 곳이라는 었다. 입장료는 무료이고 시간제한은 없다고 하는데 실제로 어떤 곳인지는 생긴 지 얼마 되지 않기 때문에 가본 사람이 많 는 알 수 없었다. 들리는 말로는 기적의 도서관에는 종이로 된 책은 한 권도 없다고 했다. 그리고 관리하는 사람이 한 명도 없 도 모든 책을 읽을 수 있다는 말도 있었다. 또 책은 없고 이상한 시스템만 있다는 이야기도 들렸다. 자세히는 모르겠으나 말이 ㅣ 모든 것을 가르쳐주는 학원 같은 곳이라는 소문도 있었다. 입장료는 무료이고 시간제한은 없다고 하는데 실제로 어떤 곳인 얼마 되지 않기 때문에 가본 사람이 많지 않아 정확히는 알 수 없었다. 들리는 말로는 기적의 도서관에는 종이로 된 책은 한 했다. 그리고 관리하는 사람이 한 명도 없는데 신기하게도 모든 책을 읽을 수 있다는 말도 있었다. 또 책은 없고 이상한 시스 이야기도 들렸다. 자세히는 모르겠으나 말이 도서관이지 모든 것을 가르쳐주는 학원 같은 곳이라는 소문도 있었다. 입장료는 간제한은 없다고 하는데 실제로 어떤 곳인지는 생긴 지 얼마 되지 않기 때문에 가본 사람이 많지 않아 정확히는 알 수 없었다. 기적의 도서관에는 종이로 된 책은 한 권도 없다고 했다. 그리고 관리하는 사람이 한 명도 없는데 신기하게도 모든 책을 읽을 말도 있었다. 또 책은 없고 이상한 시스템만 있다는 이야기도 들렸다. 자세히는 모르겠으나 말이 도서관이지 모든 것을 가르 같은 곳이라는 소문도 있었다. 입장료는 무료이고 시간제한은 없다고 하는데 실제로 어떤 곳인지는 생긴 지 얼마 되지 않기 사람이 많지 않아 정확히는 알 수 없었다. 들리는 말로는 기적의 도서관에는 종이로 된 책은 한 권도 없다고 했다. 그리고 관리 한 명도 없는데 신기하게도 모든 책을 읽을 수 있다는 말도 있었다. 또 책은 없고 이상한 시스템만 있다는 이야기도 들렸다. 자 으나 말이 도서관이지 모든 것을 가르쳐주는 학원 같은 곳이라는 소문도 있었다. 입장료는 무료이고 시간제한은 없다고 하는 어떤 곳인지는 생긴 지 얼마 되지 않기 때문에 가본 사람이 많지 않아 정확히는 알 수 없었다. 들리는 말로는 기적의 도서관에 책은 한 권도 없다고 했다. 그리고 관리하는 사람이 한 명도 없는데 신기하게도 모든 책을 읽을 수 있다는 말도 있었다. 상한 시스템만 있다는 이야기도 들렸다. 자세히는 모르겠으나 말이 도서관이지 모든 것을 가르쳐주는 학원 같은 곳이라는 소문 입장료는 무료이고 시간제한은 없다고 하는데 실제로 어떤 곳인지는 생긴 지 얼마 되지 않기 때문에 가본 사람이 많지 않아 수 없었다. 들리는 말로는 기적의 도서관에는 종이로 된 책은 한 권도 없다고 했다. 그리고 관리하는 사람이 한 명도 없는데 신 든 책을 읽을 수 있다는 말도 있었다. 또 책은 없고 이상한 시스템만 있다는 이야기도 들렸다. 자세히는 모르겠으나 말이 도서 것을 가르쳐주는 학원 같은 곳이라는 소문도 있었다. 입장료는 무료이고 시간제한은 없다고 하는데 실제로 어떤 곳인지는 지 않기 때문에 가본 사람이 많지 않아 정확히는 알 수 없었다. 들리는 말로는 기적의 도서관에는 종이로 된 책은 한 권도 없다 리고 관리하는 사람이 한 명도 없는데 신기하게도 모든 책을 읽을 수 있다는 말도 있었다. 또 책은 없고 이상한 시스템만 있다 들렸다. 자세히는 모르겠으나 말이 도서관이지 모든 것을 가르쳐주는 학원 같은 곳이라는 소문도 있었다. 입장료는 무료이고 없다고 하는데 실제로 어떤 곳인지는 생긴 지 얼마 되지 않기 때문에 가본 사람이 많지 않아 확히는 알 수 없었다. 확히는 알 수 없었다. 들리는 말로는 기적의 도서관에는 종이로 된 책은 한 권도 없다고 했다. 그리고 관리 한 명도 없는데 신기하게도 모든 책을 읽을 수 있다는 말도 있었다. 또 책은 없고 이상한 시스템만 있다는 이야기도 들렸다. 자 으나 말이 도서관이지 모든 것을 가르쳐주는 학원 같은 곳이라는 소문도 있었다. 입장료는 무료이고 시간제한은 없다고 하는 어떤 곳인지는 생긴 지 얼마 되지 않기 때문에 가본 사람이 많지 않아 정확히는 관에는 종이로 된 책은 한 권도 없다고 했다. 는 사람이 한 명도 없는데 신기하게도 모든 책을 읽을 수 있다는 말도 있었다. 또 책은 없고 이상한 시스템만 있다는 이야기 세히는 모르겠으나 말이 도서관이지 모든 것을 가르쳐주는 학원 같은 곳이라는 소문도 있었다. 입장료는 무료이고 시간제한은 는데 실제로 어떤 곳인지는 생긴 지 얼마 되지 않기 때문에 가본 사람이 많지 않아 확히는 알 수 없었다. 확히는 알 수 없었다. 수 없었다. 는 알 수 없었다. 들리는 말로는 기적의 도서관에는 종이로 된 책은 한 권도 없다고 했다. 그리고 관리하는 사람이 신기하게도 모든 책을 읽을 수 있다는 말도 있었다. 또 책은 없고 이상한 시스템만 있다는 이야기도 들렸다. 자세히는 모르겠 도서관이지 모든 것을 가르쳐주는 학원 같은 곳이라는 소문도 있었다. 입장료는 무료이고 시간제한은 없다고 하는데 실제로 : 생긴 지 얼마 되지 않기 때문에 가본 사람이 많지 않아 정확히는 권도 없다고 했다. 그리고 관리하는 사람이 한 명도 없는 모든 책을 읽을 수 있다는 말도 있었다. 또 책은 없고 이상한 시스템만 있다는 이야기도 들렸다. 자세히는 모르겠으나 말이 것을 가르쳐주는 학원 같은 곳이라는 소문도 있었다. 입장료는 무료

— 4 —

숨은 전제를 찾아라

표면에 드러나지 않는다·실전,
숨은 전제 찾기·핵심논점이 분
명하게 드러나다

04 논증 만들기

좋은 논증의 조건 네 가지를 다 배웠으니 이제 뭘 합니까?
논증 만들기를 해야 하는데 그 전에 숨은 전제 찾기를 배워야 한다. 어떤 것인가 하면, 어떤 논증을 보면 표현은 되어 있지 않지만 뒤에 숨겨진 전제가 있게 마련이지. 그런데 숨은 전제를 찾아내어 표면에 내세우면 논증의 성질이 분명히 드러나는 경우가 꽤 많이 있거든. 그래서 숨은 전제 찾기를 배우고 논증 만들기로 가기로 한다.

표면에
드러나지 않는다

"좋은 논증의 조건 네 가지를 다 배웠으니 이제 뭘 합니까?"

그 동안 논증이란 무엇이고, 좋은 논증이 되려면 어떤 조건들을 갖춰야 하는지를 배우면서 이제 어느 정도 논증을 만들 수 있다는 자신감을 얻은 현민이 물었다.

"논증 만들기를 해야 하는데 그 전에 숨은 전제 찾기를 배워야 한다. 어떤 것인가 하면, 어떤 논증을 보면 표현은 되어 있지 않지만 뒤에 숨겨진 전제가 있게 마련이지. 그런데 숨은 전제를 찾아내어 표면에 내세우면 논증의 성질이 분명히 드러나는 경우가 꽤 많이 있거든. 그래서 숨은 전제 찾기를 배우고 논증 만들기로 가기로 한다."

숨은 전제라? 드러나지는 않았지만 논증에서 중요한 역할을 하기 때문에 찾아내서 드러나게 하면 논증에서 무엇이 문제인지 확연히 드러난다는 말씀이신 것 같은데…. 구체적으로 무슨 말인가?

"구체적인 예는 없습니까? 그냥 숨은 전제를 찾으라고 하시니까 뭐가 뭔지 모르겠는데요."

"알았다. 전인권이 이은주를 사랑했다고 고백한 일이 있었지?"

"예, 알고 있습니다. 그래서 꽤 많은 사람들이 전인권을 비난했던 것으로 기억합니다. 늙은 나이에 그게 뭐냐? 아, 또 이런 것도 있었군요. 정말 서로 사랑한 것이 맞는가? 전인권이 일종의 스토커가 아니냐는 비난도 있었던 걸로 기억합니다. 그런데 그게 무슨 관련이 있나요?"

"많은 사람들이 전인권을 비난했는데 사실은 두 가지 전제를 깔고 있다는 기사가 있다. 다시 말해서, 사람들은 두 가지 전제를 당연한 것으로 받아들이고 비난을 한다는 것이야. 하지만 숨겨져 있는 두 가지 전제를 하나씩 따져보면 전인권은 별로 비난받을 게 없다는 것이지."

"그렇습니까? 그 기사를 보여주실 거죠?"

"물론이다. 자, 여길 보아라."

말이 끝나자 스크린 위로 장문의 기사가 나타났다.

우리가 전인권을 갑자기 미워하게 된 것은 두 가지 전제에 동의했기 때문입니다. 하나는, 전인권은 이은주를 사랑해서는 안 된다(혹은 전인권은 이은주를 사랑할 만한 사람으로 부족하다. 전인권이 이은주를 사랑한다는 것은 죽은 이은주에게 누가 되는 사실이다)는 전제를 받아들인 것이고 다른 하나는 전인권은 이은주와 사귄 사실을 말하지 않았어야 한다(특히 이 전제는 전인

> 권이 책 판매를 위해서 열애설을 흘렸다는 혐의를 덧씌우게 됩니다). 별로 설득력 있는 전제도 아니지만, 우리는 이 전제를 너무도 쉽게 받아들이고 갑자기 전인권을 미워하기 시작했습니다. 우리가 어떻게 이 전제를 받아들이게 되었는지를 밝히는 것이 지금 이 글의 목표입니다. 그것은 '전인권 죽이기'의 궤적을 되짚어보면서 참전용사(기자들)의 행태를 분석하면 간단하게 알 수 있습니다. — 오마이뉴스, 2005. 6. 20., 고재열 기자

기사를 읽으며 '이렇게 생각할 수도 있구나'라고 생각하는데 멘토의 설명이 이어졌다.

"기자는 이렇게 글을 시작해서 우리가 너무 쉽게 받아들인 전제 둘이 모두 성립할 수 없음을 보이고 어떻게 이런 일이 벌어졌는지를 뉴스 전파 과정을 추적함으로써 보여주고 있다."

"그럼 이 기자가 말하는 우리가 너무 쉽게 받아들인 전제가 선생님이 말씀하신 숨겨진 전제인가요?"

"그렇지. 전인권이 이은주를 사랑했다는 것이 죄는 아니잖아? 그리고 사랑했다는 것을 말하는 것 역시 죄는 아니잖아? 그런데 왜 많은 사람들이 전인권을 욕했을까? 바닥에 두 가지 전제가 숨어 있다는 것이지. 기자는 그걸 수면 위로 끌어올려 논함으로써 전인권 죽이기의 진실을 밝히고 있는 것이지."

"아하, 그렇군요."

"그런데 왜 전인권이 이은주를 사랑하면 안 된다고 생각하는 거냐?"

"그야 나이 차가 많아서 아닙니까. 제가 알기로는 26살 차이로

아는데요. 전인권이 51세고 이은주가 25세이니까요."

"나이 차이가 많이 나면 사랑하면 안 되는 건가?"

"꼭 그런 건 아니지만 그래도 이은주 팬으로서는 불쾌했겠지요."

"그건 그렇다 치고, 그럼 사랑했다는 사실을 왜 말하면 안 되는 거지?"

"그건 이은주가 죽었으니 확인할 길도 없고 또 죽은 사람에 대한 예의가 아니라는 것이 아닐까요?"

"살아 있으나 죽었으나 사랑하면 사랑한다고 말하는 것이 왜 잘못인가? 사실은 전인권이 이은주를 사랑할 자격이 없는데 그런 걸 떠벌린다고 생각해서 불쾌했던 것이 아닐까? 가령 정우성이 이은주가 죽은 후에 사랑했었다고 말했다면 과연 전인권처럼 비난 받았을까? 아니라고 보는데. 어때?"

"그렇겠지요. 스타는 이미지로 사니까요. 이미지에 맞지 않는다는 비난의 원인으로 생각되는군요."

"그래, 그렇다면 이제 논증을 구성해보자. 자, 어때? 할 수 있겠나?"

실전,
숨은 전제 찾기

전제! 왜 자꾸
숨고 난리야!
ㅋㅋ

해봐야지 별 수 있나. 이왕 배우고자 한다면 열심히 해야지. 난 열공중이다. 그럼 이렇게 만들면 되나? 썼다 지울 수 있는 작은 스크린이 현민 앞에 놓였다. 현민은 논증을 구성해보았다.

1. 전인권은 이은주를 사랑했다.
2. 전인권은 이은주보다 26살이나 많다.
3. 나이 차이가 많이 나는 사랑을 해서는 안 된다.

4. 따라서 전인권은 비난 받아 마땅하다.

이것도 가능하겠구나.

1. 전인권은 이은주를 사랑했다.
2. 전인권은 그 사랑을 발설했다.

3. 진정으로 사랑한다면 그 사랑을 발설해서는 안 된다.

4. 따라서 전인권은 비난 받아 마땅하다.

그럼 여기서 숨은 전제란 각 논증의 전제 3을 말하는 것이구나. 숨은 전제 없이 구성하면 다음이 될 테니까.

1. 전인권은 이은주를 사랑했다.
2. 전인권은 이은주보다 26살이나 많다.

3. 따라서 전인권은 비난 받아 마땅하다.

그리고 이렇게 되겠지.

1. 전인권은 이은주를 사랑했다.
2. 전인권은 그 사랑을 발설했다.

3. 따라서 전인권은 비난 받아 마땅하다.

으흠, 숨은 전제를 찾아 복원하니 구성이 훨씬 선명하게 드러나는구나. 그래서 결국 공격 포인트는 과연 숨겨진 전제 3이 각각 참이냐로 모아지는군. 때를 놓치지 않고 멘토가 말했다.

핵심논점이
분명하게 드러나다

전제를 찾으니
논점이 따라오네.

"어떠냐? 숨은 전제를 찾을 필요성을 느꼈느냐? 각 논증에서 전제 1, 2는 사실 관계이지. 전인권이 이은주를 사랑했고 나이 차이가 많이 나며 전인권이 이은주와의 사랑을 발설한 것 등은 사실 관계이기 때문에 확인만 하면 되는 것인데 전인권이 왜 욕을 먹는지는 숨은 전제를 찾아낸 후에야 명확해진다는 말이다. 알겠지?"

멘토는 흐뭇한 미소를 입가에 머금으며 말했다. 멘토의 말이 옳았기에 현민은 잠자코 있었다. 어쨌든 숨은 전제를 찾는 일이 필요하다는 것은 분명히 알게 되었다. 그런데 멘토가 소리내어 웃고 나더니 장난기 어린 소리로 말했다.

"이 기사 끝에 이런 글이 덧붙여 있다. 이것은 우리가 배운 좋은 논증의 조건 중 어느 것에 해당되겠느냐?"

스크린에 다음과 같은 글이 올라와 있었다.

> 덧붙이는 글
>
> 네티즌 여러분이 전인권에게 무얼 얻어쳐먹고 이런 글을 쓰느냐고 물으실 것 같아, 얻어먹은 내역을 미리 밝히겠습니다. 설렁탕 한 그릇, 음료수 한 캔, 팥빙수 한 사발입니다. 아, 일전에 4집 음반이 나왔을 때 홍보 CD도 한 장 받았군요. 참고로 저는 전인권 씨와는 '이면식' 정도가 있는 관계입니다. 한 번은 우연히 술자리에서 잠깐(30분 정도) 뵈었고, 이번 책에 대해서 인터뷰하느라 세 시간 정도 뵈었습니다(문제의 인터뷰가 있기 하루 전이군요. 참고로 저는 시사주간지 〈시사저널〉의 기자입니다).

뭐, 별로 어려운 문제도 아니군. 네 번째 조건인 반박 잠재우기지 뭐. 그 정도야 이제는 나도 할 줄 안다.

"반박 잠재우기입니다."

"왜?"

"전인권을 두둔하는 기사를 썼으니 사람들이 뭔가 받아먹은 게 있으니 그런 기사를 쓰는 것 아니냐고 의심할 수 있으니 먼저 공격을 가한 것이니까요. 예상되는 반박 중 가장 강력한 것을 끄집어내 공격하는 것이 반박 잠재우기라고 배웠습니다. 거기에 해당됩니다."

"아주 잘 했다. 점점 사고력이 늘고 있구나. 좋다. 그럼 좋은 논증의 조건과 숨은 전제 찾기는 이만하고 실제로 논증을 어떻게 만드는지를 해보자꾸나."

정리 07

어떤 논증을 보면 표현은 되어 있지 않지만 뒤에 숨겨진 전제가 있다. 그것을 찾아내어 표면에 내세우면 논증의 성질, 즉 논증에서 무엇이 문제인지가 분명히 드러나는 경우가 꽤 많이 있다.
다음의 예를 보자.

논증 a
1. 전인권은 이은주를 사랑했다.
2. 전인권은 이은주보다 26살이나 많다.

3. 따라서 전인권은 비난 받아 마땅하다.

논증 b
1. 전인권은 이은주를 사랑했다.
2. 전인권은 이은주보다 26살이나 많다.
3. 나이 차이가 많이 나는 사랑을 해서는 안 된다.

4. 따라서 전인권은 비난 받아 마땅하다.

논증 c
1. 전인권은 이은주를 사랑했다.
2. 전인권은 그 사랑을 발설했다.

3. 따라서 전인권은 비난 받아 마땅하다.

논증 d
1. 전인권은 이은주를 사랑했다.
2. 전인권은 그 사랑을 발설했다.
3. 진정으로 사랑한다면 그 사랑을 발설해서는 안 된다.

4. 따라서 전인권은 비난 받아 마땅하다.

논증 a와 c를 보면 왜 전인권이 비난 받아 마땅한지에 대한 근거가 명확하게 드러나지 않고 있다. 반면 논증 a와 c의 숨은 전제를 찾아내 복원해서 구성한 논증 b와 d를 보면 그에 대한 근거가 확연하게 드러나는 것을 볼 수 있다.

학원 같은 곳이라는 소문도 있었다. 입장료는 무료이고 시간제한은 없다고 하는데 실제로 어떤 곳인지는 생긴 지 얼마 되지 않기 때문에 가본 사람이 많지 않아 정확히는 알 수 없었다. 들리는 말로는 기적의 도서관에는 종이로 된 책은 한 권도 없다고 했다. 그리고 관리하는 사람이 한 명도 없는데 신기하게도 모든 책을 읽을 수 있다는 말도 있었다. 또 책은 없고 이상한 시스템만 있다는 이야기도 들렸다. 자세히는 모르겠으나 말이 도서관이지 모든 것을 가르쳐주는 학원 같은 곳이라는 소문도 있었다. 입장료는 무료이고 시간제한은 없다고 하는데 실제로 어떤 곳인지는 생긴 지 얼마 되지 않기 때문에 가본 사람이 많지 않아 정확히는 알 수 없었다. 들리는 말로는 기적의 도서관에는 종이로 된 책은 한 권도 없다고 했다. 그리고 관리하는 사람이 한 명도 없는데 신기하게도 모든 책을 읽을 수 있다는 말도 있었다. 또 책은 없고 이상한 시스템만 있다는 이야기도 들렸다. 자세히는 모르겠으나 말이 도서관이지 모든 것을 가르쳐주는 학원 같은 곳이라는 소문도 있었다. 입장료는 무료이고 시간제한은 없다고 하는데 실제로 어떤 곳인지는 생긴 지 얼마 되지 않기 때문에 가본 사람이 많지 않아 정확히는 알 수 없었다. 들리는 말로는 기적의 도서관에는 종이로 된 책은 한 권도 없다고 했다. 그리고 관리하는 사람이 한 명도 없는데 신기하게도 모든 책을 읽을 수 있다는 말도 있었다. 또 책은 없고 이상한 시스템만 있다는 이야기도 들렸다. 자세히는 모르겠으나 말이 도서관이지 모든 것을 가르쳐주는 학원 같은 곳이라는 소문도 있었다. 입장료는 무료이고 시간제한은 없다고 하는데 실제로 어떤 곳인지는 생긴 지 얼마 되지 않기 때문에 가본 사람이 많지 않아 정확히는 알 수 없었다. 들리는 말로는 기적의 도서관에는 종이로 된 책은 한 권도 없다고 했다. 그리고 관리하는 사람이 한 명도 없는데 신기하게도 모든 책을 읽을 수 있다는 말도 있었다. 또 책은 없고 이상한 시스템만 있다는 이야기도 들렸다. 자세히는 모르겠으나 말이 도서관이지 모든 것을 가르쳐주는 학원 같은 곳이라는 소문도 있었다. 입장료는 무료이고 시간제한은 없다고 하는데 실제로 어떤 곳인지는 생긴 지 얼마 되지 않기 때문에 가본 사람이 많지 않아 정확히는 알 수 없었다. 들리는 말로는 기적의 도서관에는 종이로 된 책은 한 권도 없다고 했다. 그리고 관리하는 사람이 한 명도 없는데 신기하게도 모든 책을 읽을 수 있다는 말도 있었다. 또 책은 없고 이상한 시스템만 있다는 이야기도 들렸다. 자세히는 모르겠으나 말이 도서관이지 모든 것을 가르쳐주는 학원 같은 곳이라는 소문도 있었다. 입장료는 무료이고 시간제한은 없다고 하는데 실제로 어떤 곳인지는 생긴 지 얼마 되지 않기 때문에 가본 사람이 많지 않아 정확히는 알 수 없었다. 들리는 말로는 기적의 도서관에는 종이로 된 책은 한 권도 없다고 했다. 그리고 관리하는 사람이 한 명도 없는데 신기하게도 모든 책을 읽을 수 있다는 말도 있었다. 또 책은 없고 이상한 시스템만 있다는 이야기도 들렸다. 자세히는 모르겠으나 말이 도서관이지 모든 것을 가르쳐주는 학원 같은 곳이라는 소문도 있었다. 입장료는 무료이고 시간제한은 없다고 하는데 실제로 어떤 곳인지는 생긴 지 얼마 되지 않기 때문에 가본 사람이 많지 않아 확히는 알 수 없었다. 확히는 알 수 없었다. 들리는 말로는 기적의 도서관에는 종이로 된 책은 한 권도 없다고 했다. 그리고 관리하는 사람이 한 명도 없는데 신기하게도 모든 책을 읽을 수 있다는 말도 있었다. 또 책은 없고 이상한 시스템만 있다는 이야기도 들렸다. 자세히는 모르겠으나 말이 도서관이지 모든 것을 가르쳐주는 학원 같은 곳이라는 소문도 있었다. 입장료는 무료이고 시간제한은 없다고 하는데 실제로 어떤 곳인지는 생긴 지 얼마 되지 않기 때문에 가본 사람이 많지 않아 정확히는 관에는 종이로 된 책은 한 권도 없다고 했다. 하는 사람이 한 명도 없는데 신기하게도 모든 책을 읽을 수 있다는 말도 있었다. 또 책은 없고 이상한 시스템만 있다는 이야기도 세히는 모르겠으나 말이 도서관이지 모든 것을 가르쳐주는 학원 같은 곳이라는 소문도 있었다. 입장료는 무료이고 시간제한은 는데 실제로 어떤 곳인지는 생긴 지 얼마 되지 않기 때문에 가본 사람이 많지 않아 확히는 알 수 없었다. 확히는 알 수 없었다. 수 없었다. 는 알 수 없었다. 들리는 말로는 기적의 도서관에는 종이로 된 책은 한 권도 없다고 했다. 그리고 관리하는 사람이 게 신기하게도 모든 책을 읽을 수 있다는 말도 있었다. 또 책은 없고 이상한 시스템만 있다는 이야기도 들렸다. 자세히는 모르 도서관이지 모든 것을 가르쳐주는 학원 같은 곳이라는 소문도 있었다. 입장료는 무료이고 시간제한은 없다고 하는데 실제로 생긴 지 얼마 되지 않기 때문에 가본 사람이 많지 않아 정확히는 권도 없다고 했다. 그리고 관리하는 사람이 한 명도 없는데 모든 책을 읽을 수 있다는 말도 있었다. 또 책은 없고 이상한 시스템만 있다는 이야기도 들렸다. 자세히는 모르겠으나 모든 것을 가르쳐주는 학원 같은 곳이라는 소문도 있었다. 입장료는 무료

논증 만들기

5

논증의 재구성 · 좋은 논증이 좋은 글을 낳는다

논증만들기

05

그런데요. 지금 하는 게 논증 만들기와 무슨 관련이 있습니까?
해보고도 모르겠느냐? 스스로 논증을 만들 단계가 아직은 아니기에 우선 남의 글을 논증으로 재구성해보는 연습을 하는 것이다. 이 단계를 통과하면 논제가 있는 문제에 어떻게 논증을 구성할 것인가를 배우게 될 것이다.

논증의
재구성

뭐라구? 논증을 어떻게 하라구?

실제로 논증을 만들어보자는 멘토의 말에 현민은 긴장되었다. 무슨 문제가 나올까 초조해하며 시험지를 기다리는 학생처럼.

어떻게 하지? 아니지. 이렇게 긴장한다고 될 일이 아니지. 그래, 그 동안 배운 것을 정리해보자. 논증은 전제와 결론으로 이루어진다고 했지. 그리고 좋은 논증이 되려면 전제는 결론과 관련이 있어야 하고, 참이어야 하며, 결론을 뒷받침하기에 충분해야 한다고 했어. 그리고 예상되는 반론을 미리 잠재워야 한다는 것도 잊지 말아야지.

그렇다면 이런 조건을 갖춘 논증을 만들어보자는 것인가 본데 어려워 보인다. 설마 무엇에 대해 논하라는 식의 문제를 내주고 논증을 만들라고는 하지 않겠지?

이런저런 생각을 하고 있는데 멘토가 스크린 위에 나타난 꽤 긴 글을 복사해주었다.

| 우선 남의 글을 논증으로 재구성하는 것부터 연습하라 |

"찬찬히 읽어보아라. 한 신문에 난 논술 클리닉의 일부인데 고교생을 대상으로 하는 논술 지도이다. 먼저 문제를 보아라."

종이 위에는 '고교생 논술 주제'라는 제목이 있었고 그 뒤에 다음과 같은 논술 문제가 있었다.

> 7일 영국 런던 중심가에서 발생한 연쇄 폭탄 테러로 전 세계가 공포와 분노를 느끼고 있다. 테러집단은 더 큰 '악'으로부터 자신들의 종교와 신념, 민족을 지키기 위해 테러를 감행한다고 주장한다. 유엔 안전보장이사회는 긴급회의를 열고 테러를 규탄하는 결의안을 채택했다. 안보리 순회 의장국인 그리스의 바실라카스 유엔주재 대사는 "테러리즘 재앙에 공동 대처하겠다는 국제사회의 결의가 어느 때보다도 강하다는 사실을 알아야 한다"고 경고했다. 명분이 중요하더라도 폭력이 정당화될 수 없는 이유에 대해 800자 내외로 논술하시오.

설마 나보고 쓰라는 것은 아니겠지? 명분이 중요하더라도 폭력이 정당화될 수 없는 이유에 대해 쓰라는 것인데 아무 생각도 안 떠오르네. 그때 멘토가 말했다.

"걱정하지 마라. 바로 쓰라고 하지 않는다. 지금은 논증을 만드는 것만 연습하면 되니까. 다음 장을 넘겨봐라. 그건 이 문제에 대해 어떤 학생이 쓴 답안이다. 이 답안을 읽고 답안에 논증이 있다면 어떤 논증인가를 찾아내 구성하는 것이 지금 할 일이다."

논증을 찾아내 구성한다? 시범을 보여주면 안 되나? 여하튼 읽어보자.

미국의 9·11 테러에 이어 7월 7일 영국에서 발생한 ①테러 사건으로 전 세계인들이 테러의 공포에 떨고 있다. ②불특정 다수를 대상으로 하는 이러한 테러 행위는 우리에게 폭력은 결코 정당화될 수 없다는 것을 다시금 보여 주고 있다.

폭력이 정당화될 수 없는 가장 큰 이유는 ③인간은 '수단'이 아니라 그 자체로 '목적'이어야 하기 때문이다. 미국의 독립선언서나 프랑스의 권리 장전에는 ④인간의 권리는 하늘이 부여한 절대적인 것이라고 명시하고 있다. 그런데 테러리스트들은 자신들의 종교와 민족을 위한다는 명분으로 자신들의 ⑤행동을 정당화 시키고 있다. ⑥이는 결국 인간을 목적이 아닌 하나의 수단으로 취급한 것이므로 인류 보편적 가치에 어긋난 무자비한 살육행위로 여겨질 수밖에 없다.

⑦두 번째로 폭력은 또 다른 폭력을 낳는 씨앗이 될 수 있기 때문에 용납되어서는 안 된다. ⑧예를 들어 3년 전 발생한 9·11 테러 사건은 이라크전쟁의 시발점이 되었다. 조지 W 부시 대통령이 '악의 축'을 내세우며 감행한 대테러전의 결과는 무고한 이라크인들의 죽음뿐이었다. 여기서 우리가 주목해야 할 것은 런던 테러 사건으로 아들을 잃은 한 흑인 여성의 발언이다. 그녀는 영국 정부에 가해자에 대한 응징을 그만두라고 요구했다. 비록 자신의 아들은 죽었지만 폭력은 또 다른 폭력을 낳게 되므로 더 이상의 희생은 없어야 한다는 것이 그 이유다.

> 인간이 다른 인간에게 ⓖ피해를 줄 수 있는 권리는 어디에도 존재하지 않는다. 그런 의미에서 우리는 일체의 폭력을 거부하고 서로 이해하고 용서하는 자세를 가져야 할 것이다. —동아일보, 2005. 7. 19.

별로 어려운 내용은 아니네. 다행이다. 그런데 문장 앞의 번호는 뭐냐?
"문장 앞에 있는 번호는 무엇입니까?"
"지금은 신경 쓸 것 없다. 첨삭지도를 위한 것이다. 그런데 이 답안의 결론은 무엇이냐?"

| 결론을 먼저 찾고 그 근거가 되는 이유를 찾아라 |

결론은 무엇이냐고? 그거야 문제에 있지 않나? 명분이 중요하더라도 폭력이 정당화될 수 없는 이유를 밝히라고 했으니 결론이야 '명분이 중요하더라도 폭력이 정당화될 수 없다' 겠지.
"명분이 중요하더라도 폭력이 정당화될 수 없다 아닌가요?"
"그런 내용이 답안에 있느냐?"
답안에서 찾으라는 말씀이구나. 찾아보자. 음, 이거 아닌가?
"첫 단락에 있는 '불특정 다수를 대상으로 하는 이러한 테러 행위는 우리에게 폭력은 결코 정당화될 수 없다는 것을 다시금 보여주고 있다.' 아닙니까?"

"글쎄다. 그렇다고 볼 수 있지. 마음에 쏙 드는 것은 아니지만 답안 내에서는 그렇다고 할 수 있다. 좋다. 그럼 왜 불특정 다수를 대상으로 하는 테러 행위는 우리에게 폭력은 결코 정당화될 수 없음을 보여주는가? 답안에는 그 이유가 뭐라고 되어 있느냐?"

그 이유를 찾아라. 그러니까 결론을 먼저 찾고 결론의 근거가 되는 이유를 찾아라. 뭐, 이런 순서네. 그럼 찾아봐야지. 폭력이 정당화되지 않는 이유는 뭔가? 어디 보자.

현민은 다시 찬찬히 답안을 읽었다. 목적을 가지고 읽으니 답안이 더 잘 보이는 것 같았다. 두 가지 이유를 찾아냈다.

"두 가지인데요. 하나는 인간은 수단이 아니라 그 자체로 목적이어야 하기 때문이고요, 둘째는 폭력은 또 다른 폭력을 낳는 씨앗이 될 수 있기 때문입니다."

"생각보다 쉽지? 왜냐하면 답안에 나와 있잖니. '폭력이 정당화될 수 없는 가장 큰 이유는', 또 '두 번째로' 등의 표현을 보면 알 수 있기 때문이지. 그렇지 않느냐?"

"그렇습니다."

"그럼 결론을 알았고 전제를 찾았으니 논증을 구성할 수 있겠구나. 한번 해봐라."

"시범이 하나도 없는 것은 비인간적이라고 생각하는데요."

"그래? 국가인권위원회에 제소라도 할 것 같은 분위기구나. 허허, 좋다. 시범을 잘 봐라. 근데 별것도 없을 것이다."

스크린 위에 깔끔한 논증 하나가 나타났다.

1. 인간은 수단이 아니라 그 자체로 목적이어야 한다.

2. 폭력은 또 다른 폭력을 낳는 씨앗이 된다.

3. 따라서 불특정 다수를 대상으로 하는 폭력은 결코 정당화될 수 없다.

"자, 간단하지 않느냐. 방금 전에 말했던 결론과 전제를 논증이란 형식에 맞게 번호를 붙이고 선을 그어서 전제와 결론을 나누었을 뿐이다. 이런 식으로 논증을 만들면 된다."

"그럼 답안에 나온 다른 말들은 어떻게 되나요?"

"쓸데없느냐는 질문이지? 그렇지는 않다. 전제 1에 대한 근거를 대는 것이 미국의 독립선언서나 프랑스의 권리장전을 들먹이

는 단락이고, 전제 2에 대한 근거를 대는 것이 예를 들어 3년 전 발생한 9·11을 거론하는 단락이지. 그리고 마지막 단락은 사실은 전제 1의 부연이지. 왜냐하면 '인간이 다른 인간에게 피해를 줄 수 있는 권리는 어디에도 존재하지 않는다'는 말은 전제 1을 다른 식으로 표현한 것이기 때문이야. 알겠냐?"

"예, 알 것 같습니다. 생각보다 간결하게 정리되니 쾌감이 있어 좋습니다."

"그런 면도 있지. 그런 점을 즐기는 것도 좋지만 지금은 논증을 어떻게 만드느냐에 더 관심을 갖기 바란다."

"그런데요. 지금 하는 게 논증 만들기와 무슨 관련이 있습니까?"

"해보고도 모르겠느냐. 스스로 논증을 만들 단계가 아직은 아니기에 우선 남의 글을 논증으로 재구성해보는 연습을 하는 것이다. 이 단계를 통과하면 논제가 있는 문제에 어떻게 논증을 구성할 것인가를 배우게 될 것이다."

아, 단계가 계속 남아 있구나. 우선은 남의 글에서 논증을 찾아내 재구성하는 일부터 배운다, 이 말이지.

이것만은 꼭! 정리 08

아직까지는 스스로 논증을 만들 단계가 아니므로 우선 남의 글을 논증으로 재구성해보는 연습을 한다.
주어진 글 속에서 먼저 결론을 찾아낸 다음 결론의 근거가 되는 이유, 즉 전제를 찾는다. 그런 다음 찾아낸 결론과 전제를 논증이란 형식에 맞게 번호를 붙이고 선을 그어서 전제와 결론으로 나누면 논증 만들기가 된다. 이때 앞서 배운 좋은 논증의 조건에 맞게 구성하는 것을 잊지 말아야 한다.

좋은 논증이
좋은 글을 낳는다

멘토가 자리를 옮겼다. 자리를 옮겼다기보다는 배경을 바꿨다는 것이 더 정확한 표현일 것이다. 배경에 갑자기 커다란 자판이 나왔다. 노트북 자판인 것 같았는데 손으로 누르면 바로 찍힐 것 같은 생생한 배경이었다. 그런데 왜 갑자기 자판으로 배경을 바꿨을까? 뭔가 하시고픈 말씀이 있는 것이겠지? 뭘까? 지금은 논증 재구성을 배우고 있는데⋯.

"무슨 생각을 골똘히 하고 있느냐? 너답지 않구나. 허허."

"눈치가 빠르십니다. 다름이 아니라 왜 갑자기 배경을 바꿨나 해서요."

"왜 맘에 안 드냐?"

"꼭 그렇지마는 않습니다. 왜 하필 자판이냐 이겁니다."

"말장난 그만하고 글쓰기를 말해보자. 조금 전에 논술문을 논증으로 재구성해봤는데, 만약 그런 논증을 가지고 글을 쓴다면 어떤 글이 될 것 같으냐?"

"그런 논증이라면 조금 전에 스크린에 나왔던 그 논증을 말합니까?"
"그렇다. 다시 보여주마."
바로 스크린에 그 논증이 나타났다.

1. 인간은 수단이 아니라 그 자체로 목적이어야 한다.
2. 폭력은 또 다른 폭력을 낳는 씨앗이 된다.

3. 따라서 불특정 다수를 대상으로 하는 폭력은 결코 정당화될 수 없다.

"이 논증을 가지고 글을 쓴다고 할 때 맞춤법이라든가 더 좋은 표현이라든가 하는 것들은 부차적이니까 다음에 논한다고 하고, 좋은 글이 될 것 같으냐? 네 생각은 어떠냐?"
"글쎄요. 음⋯."
현민은 선뜻 대답을 하지 못하고 생각에 잠겼다. 그리고 잠시 후 입을 열었다.
"우선 이 논증이 좋은 논증인가를 따져야 할 것 같은데요. 좋은 논증이어야 그 논증을 뼈대로 하는 글이 좋은 글이 되지 않겠습니까? 구조가 튼튼해야 건물이 튼튼한 것처럼 말입니다."
"구조가 건실해야 건물이 튼튼하다는 말, 아주 좋아. 바로 그거야. 논증이 제대로 돼야 좋은 글을 쓸 수 있거든. 좋은 논증을 만드는 것이 논술이나 보고서 등을 작성할 때 약 70%는 차지한다고 봐야지."

현민은 칭찬을 들으니 맘이 흐뭇해졌다. 많이 늘었나 봐, 칭찬을 다 듣고. 자신도 모르게 입가에 미소가 번졌다. 이때 멘토의 말소리가 들렸다.

| 좋은 논증의 기준에 비춰 꼼꼼하게 따져보라 |

"그럼 이 논증이 좋은 논증이냐? 배운 네 가지 조건을 적용해 보자. 첫 번째가 관련성인데, 어때? 전제가 결론과 관련이 있느냐?"

다시 논증을 보았다. 관련이 있어 보였다. 왜 어떠한 폭력도 정당화되지 않는가에 대해 인간이 수단이 아니라 목적이기 때문이고 또한 폭력이 또 다른 폭력을 낳기 때문이라는 것은 분명 관련이 있어 보였다.

"예, 관련이 있습니다."

"그렇지. 그럼 전제 1과 2는 참이냐? 즉 인간은 수단이 아니라 목적이라는 주장이 참이냐?"

"솔직히 전 잘 모르겠습니다. 하지만 유명한 철학자 칸트가 그런 말을 했다면 참으로 받아들일 수도 있겠지요. 그리고 미국의 독립선언서나 프랑스의 권리장전에도 인간의 권리를 보장하고 있다면 인간이 수단이 아니라 목적이라는 주장을 수용할 수도 있을 것 같습니다."

"그렇지. 확신이 없는 경우에는 권위에 의지하는 것도 좋은 방법이지. 그건 그렇다 치고, 전제 2는 어떠냐? 폭력은 또 다른 폭력을 낳는다는 전제는 참이냐?"

"그렇다고 볼 수도 있지만 간디의 경우처럼 폭력에 대해 비폭력 저항을 할 수도 있기 때문에 꼭 참이라고는 보지 않습니다. 보통의 경우는 폭력이 폭력을 낳을 수 있겠지만."

"어허, 따지는구나. 얼핏 들으면 폭력이 또 다른 폭력을 낳는다는 말이 맞는 것 같지만 간디의 예에서 볼 수 있듯이 반드시 맞는 것은 아니지. 그러니 맞는 주장이 아닌 것이지. 그렇게 된다면 전제 2는 받아들이기 어렵다는 것인가?"

"그렇다고 봅니다. 폭력이 또 다른 폭력을 낳는 것은 아니라고 생각합니다. 폭력에 대해 비폭력 저항도 가능하고 또 용서도 가능하다고 봅니다. 나치가 유태인을 학살했지만 유태인이 독일인을 같은 방식으로 학살하지 않고 용서한 것도 한 예라고 할 수 있습니다. 유태인들은 나치의 학살에 대해 용서하지만 잊지는 않는다고 했습니다. 이런 방식이 폭력에 대한 훌륭한 대응 중 하나라고 생각합니다."

"아주 잘 하고 있다. 그럼 다음으로 넘어가자. 전제 1과 2가 결론을 뒷받침하기에 충분하냐? 충분한 근거가 되느냐 이거다. 어떠냐?"

"전제 1과 2만 가지고는 충분해 보이지 않습니다. 우선 전제 2가 참이냐가 의심스럽기 때문에 충분한 근거가 되기에는 부족하지 않겠습니까?"

멘토는 등을 돌리고 잠시 무엇인가 생각하는 것 같았다. 그는 진도가 생각보다 잘 나가고 있다는 생각이 들었다. 논증 만들기를 통해 노리는 바는 논증 만들기뿐만 아니라 사고 능력을 향상시키는 것이다. 결국 생각할 수 있는 능력이 있어야 자신의 생각을 남에게 설득할 수 있다. 생각할 수 있는 능력이야말로 생존에 필요한 가장 강력한 무기인 셈이다.

좋은 논증의 조건을 조목조목 따지는 것도 다 생각하는 능력을 향상시키기 위한 것인데 현민은 아주 잘 하고 있다. 처음에는 그저 그런 학생으로 보였는데 논증이 무엇인가를 배우고부터는 스스로 생각하는 능력이 차츰 생겨나고 있다. 반론을 제기할 줄도 알고 자신이 이미 알고 있는 지식을 충분히 써먹고 있는 점이 눈에 띄었다. 조금 전의 간디의 비폭력 저항만 해도 아주 좋았다.

간디에 대한 얘기는 상식이 아닌가. 하지만 중요한 것은 자신이 알고 있는 지식을 적재적소에 때 맞춰 써먹을 수 있는 능력이다. 그런 능력은 훈련을 통해 키워진다. 지식이 적다고 한탄하는 일은 어리석은 일이다. 우리나라 사람들은 사실 너무 많이 알고 있다. 문제는 그 많은 지식을 언제 어디서 써먹어야 할지 모르는 데 있는 것이다. 학교나 학원에서 가르치는 그 엄청난 양의 지식을 생각하니 멘토는 새삼 생각하는 기술과 논증을 만드는 기술을 가르쳐야겠다는 의지를 다지게 되었다.

멘토가 고개를 돌려 말했다.

"그럼 마지막 조건인 반박 잠재우기는 어떠냐?"

"그건 쉬운데요. 아예 없지 않습니까. 정당화될 수 있는 폭력이 있다는 반론이 제기될 수 있을 텐데 거기에 대한 언급이 전혀 없으니까요. 반박 잠재우기는 전혀 존재하지 않는다고 자신 있게 말할 수 있습니다."

"맞는 말이다. 이 논증에는 반박 잠재우기에 대한 언급은 전혀 없지. 그렇다면 너는 명분이 아무리 좋아도 폭력이 정당화될 수 없다는 주장에 대한 반론을 갖고 있느냐? 그런 반례를 제시해야 일단 반론이 되지 않겠느냐? 어렵냐?"

끙, 어렵군. 정당화될 수 있는 폭력이 있나? 없는 것 같은데…. 폭력은 다 나쁜 거잖아. 아니야! 모든 주장에는 반론이 가능하다고 배웠잖아. 그렇지 않은 주장은 좋지 않은 것이라고. 즉 반박이 가능한 주장이야말로 좋은 주장이라고. 그러니 반박이 가능하겠지. 그럼 뭘까? 현민은 생각에 잠겼다. 알고 있는 것을 다 동원하고 있었다. 폭력과 정당성의 문제지…. 고심을 거듭하다가 드디어 생각이 떠올랐다. 그래, 정당방위가 있다! 자신을 보호하기 위해 행사한 폭력은 정당성을 인정받지 않는가. 법에도 있다고 하던데. 이거면 충분하겠다.

현민은 기쁨에 찬 얼굴로 말했다.

"정당방위가 반례에 해당됩니다."

"이유가 뭐냐?"

"폭력을 행사했지만 그것은 자신의 생명을 보호하기 위한 것이므로 정당화되기 때문입니다. 따라서 정당화되는 폭력이 존재합니다."

"그렇다면 명분이 중요하더라도 폭력이 정당화될 수 없다는 결론은 부정되는 것인가?"

"그렇지 않습니까?"

"그렇다고 볼 수 있지. 그런데 그런 반론이 가능하다면 어떤 방식으로 그 반론을 제압할 수 있겠느냐?"

어라, 산 넘어 산이네. 겨우 반론을 생각해냈더니 이제는 그 반론을 제압하는 논변을 생각해내라고? 이게 사고 훈련인가? 힘들구나. 하지만 어쩌겠나. 생각을 해보자. 곰곰이 생각에 생각을 거듭하였으나 뾰족한 수가 떠오르지 않았다. 할 수 없이 멘토께 말했다.

"잘 모르겠습니다. 어떤 방법이 있는지요?"

"이런 것은 어떠냐. 정당방위라는 예외가 있기는 하지만 일반적인 경우 폭력은 아무리 명분이 좋아도 정당화될 수 없다. 즉 예외규정을 두는 것이지. 예외 없는 규칙은 없다는 말도 있지 않느냐."

"말씀의 요점은 정당방위는 예외라고 해놓으면 그런 반론에 대해서는 퇴치가 가능하다는 것이지요?"

"그렇지. 반론을 전혀 예상하지 않는 경우와는 차원이 다른 것이지. 그렇지 않느냐?"

"예, 그렇습니다."

| 논술에 대한 평가기준이 달라져야 한다 |

"지금까지 논증을 가지고 좋은 논증의 네 가지 조건을 적용해 따져보았다. 그 결과가 어떤 것 같으냐?"

"글쎄요. 무슨 말씀이신지요?"

현민은 무엇을 묻는지 잘 모르겠다는 듯이 멘토를 쳐다보며 되물었다.

"좋은 논증으로 평가할 수 있느냐를 묻는 것이다."

"아, 예. 좋은 논증의 기준으로 비추어볼 때 좋은 논증이라고 할 수는 없을 것 같습니다. 관련성은 있지만 전제가 참이냐에도 문제가 있고 전제 둘만 가지고는 충분한 근거가 되지도 않고 반박 잠재우기는 아예 없지 않습니까. 따라서 좋은 논증이라고 말할 수 없습니다."

멘토는 현민의 대답이 제법이라고 생각하며 다시금 질문했다.

"그렇겠지. 그럼 좋지 않은 논증을 뼈대로 해서 쓰인 글이 좋은 글이 될 가능성이 있다고 보느냐?"

"안 될 것 같습니다. 건물의 구조가 부실한데 어떻게 좋은 집이 될 수 있겠습니까? 아무리 외장 공사를 잘 해도 좋은 건물은 되지 못할 것입니다."

"이제 좀 알아들었구나. 그렇다. 우선 논증이 바로 서야 글이 될 수 있는 것이다. 그런데 이 글에 대해 다른 사람은 어떤 평가를 내렸는지 한번 볼까? 어떠냐?"

"다른 사람이 어떤 평가를 내렸는지 어떻게 압니까?"

"기사로 같이 실려 있다. 여기를 봐라."
스크린 위로 총평이라는 제목이 달린 짧은 글이 나타났다.

총평
많이 써보고 꼼꼼히 평가받는 기회 가져야

제시문의 논제 파악, 배경 지식의 활용 능력, 문단의 구성 방식 등 글의 내용 구성 능력은 매우 우수한 글이다.

칸트의 정언명령이나 미국의 독립선언서, 프랑스의 권리장전의 내용을 활용한 것은 눈에 띄는 부분이다. 특히, 영국의 한 흑인 여성의 예시를 자신의 뒷받침 근거로 사용한 것은 매우 좋은 평가를 받을 수 있는 내용이다.

그러나 어휘 사용이나 문장력, 문법 등에서는 약함을 보이고 있다. 글을 많이 써 보지 않았거나 글에 대한 객관적 평가를 받아 보지 못해서 그런 경우가 많다. 첫 번째 약점은 꾸준한 글쓰기를 통해 보완해야 한다. 그러나 무작정 많이 쓴다고 향상되는 것은 아니다. 남의 평가를 받아 보는 것이 필요한데 학교 선생님이 가장 이상적이다. 부모님이나 친구들과 글을 바꿔 보며 토론해 보는 것도 좋은 방법이다.

한편 이 글은 매우 쉽고 정확하게 자신의 의견을 개진했지만 한두 문장을 제외하고는 참신성이 부족하다. 논술에서는 창의적 사고가 매우 중요하다. 창의적 사고는 종합적 사고를 할 때 가능하다. 창의적 사고가 이뤄졌다면 상투적인 결론 부분을 좀 더 멋지게 마무리할 수 있었을 텐데 하는 아쉬움이 남는다.

― 동아일보, 2005. 7. 19.

"총평에 의하면 답안은 대체적으로 매우 우수한 글이다. 약점은 어휘 사용이나 문장력, 그리고 참신성이 부족하다는 것이다. 이 총평에 동의하느냐?"

"별로 동의하지 않습니다. 우선 답안이 대체적으로 매우 우수하다는 것에 찬성할 수 없습니다. 앞에서 검토했듯이 답안을 논증으로 재구성하고 그 논증을 좋은 논증의 네 가지 조건을 가지고 따져본 결과 좋은 논증이 아니었습니다. 논증이 좋지 못한데 어떻게 우수한 글이 될 수 있겠습니까? 저는 우수하지 않다고 생각합니다."

"좋다. 그렇다면 좀 더 자세히 말해보아라."

"예. 논제는 이유를 묻는 것입니다. 즉 명분이 중요하더라도 폭력이 정당화되지 않는 이유에 대해 논하라는 것인데 답안은 두 가지 이유를 댑니다. 그렇다면 두 가지 이유가 과연 폭력이 정당화되지 않는 이유가 되는지를 먼저 따져야 할 것입니다. 그런데 총평에서는 이에 대해 전혀 언급하지 않고 있습니다. 따라서 총평의 기본이 무너졌다고 봅니다."

"너무 세게 비판하는 것 아니냐? 많이 늘었구나."

멘토는 얼굴에 미소를 띠며 말했다.

"칭찬인지 아닌지 모르겠습니다만 총평을 보면 논제 파악, 배경 지식의 활용 능력, 문단의 구성 방식 등과 같은 부차적인 문제만 건드리고 있을 뿐입니다. 이런 것들은 사실 작문 시간에 하는 것이지 논술 시간에 하는 것은 아니라고 생각합니다. 선생님 말씀대로 논술은 논증을 구성하는

능력이고 사고하는 능력이기 때문입니다."

"제법이구나. 아마 이런 총평이 나오는 가장 큰 원인은 논술을 아직도 국어국문과 전공 선생님들이 다루고 있기 때문이 아닐까 한다. 그래서 결국 총평은 첨삭지도나 문장력, 어휘 사용, 문법 등에 집중되는 것이지. 이렇게 되면 논술의 목적이나 의의는 사라지고 마는 거야. 생각이 없어지고 문장만 남게 되는 거지. 이런 일은 너무 흔해서 일일이 다 말하기도 어려워. 아마 처음 기적의 도서관에 왔을 때 글쓰기는 문장력이 아니라는 가르침을 받았을 것이다."

"예, 배워 알고 있습니다. 그래도 막상 이렇게 나오니까 배운 걸 잠시 까먹게 되는군요."

"그거야 너무 일반화된 일이라서 그런 것 아니겠냐. 그런데 총평에서 나오는 창의적 사고 부족이라는 지적에 대해서는 어떻게 생각하느냐?"

자세를 고치며 멘토가 물었다.

"저는 그 말이 무슨 말인지 모르겠습니다. 창의적 사고라는 말은 원래 남이 하지 않는 새로운 생각인데 논증에서 새로운 생각이 무엇입니까?"

현민이 자못 궁금하다는 듯이 물었다.

"어려운 얘기 말고 논제를 다시 생각해보자. 폭력이 정당화될 수 없는 이유를 대라는 것인데 창의적 사고를 한다면 아무도 생각하지 못한 새로운 이유를 대야 할 것이다. 이것이 과연 논술이 원하는 답인가? 학생이 무슨 독창적인 이론을 만들 수 있겠느냐? 단지 진부한 얘기를 쓰지 마라, 이런 정도의 뜻 아니겠느냐?"

"저도 창의성은 지나친 요구라고 생각합니다. 자신도 없고요."

"남이 모르는 이유를 대는 것이 아니라 남들도 다 아는 것인데 거기에 써먹을 것이라고는 생각하지 못한 경우를 말하는 것 아니겠냐. 그런데 너무 심각하구나."

"그럼 수업 끝인가요? 좀 쉬었다 하면 좋겠습니다."

웃는 소리가 크게 났다. 멘토는 뭐가 그리 우스운지 큰 소리로 웃는다.

왜 웃으시지? 내가 뭘 잘못했나?

멘토가 궁금증을 풀어주었다.

"한 게 뭐 있다고 쉬겠다는 거냐? 쉬려면 내가 좀 쉬어야겠다. 나는 나이도 있고 하니, 쉬어야 하지 않겠느냐?"

"사이버 멘토도 휴식이 필요한가요?"

"묻지 마라. 말 못할 사정이 있다."

그럼 어쨌든 쉬겠구나. 멘토가 쉬면 나도 쉬겠네, 이런 생각이 떠올랐는데 멘토의 다음 말로 기대는 산산이 깨졌다.

이것만은 꼭!
정리 09

구조가 건실해야 건물이 튼튼한 것처럼 좋은 글을 쓰기 위해서는 뼈대라 할 수 있는 좋은 논증이 뒷받침되어야 한다. 그러므로 좋은 글을 쓰기 원한다면 그에 앞서 좋은 논증을 만들어야 한다. 좋은 논증이란 앞에서 말한 것처럼 전제와 결론이 관련이 있고, 전제가 참이어야 하며, 전제는 결론을 뒷받침하기에 충분해야 하고, 예상되는 반론을 잠재울 수 있는 전제를 갖추어야 한다. 이러한 조건을 갖춘 논증을 토대로 글을 써야 좋은 글이 될 수 있는 것이다.

하지만 안타깝게도 우리 현실은 그렇지 않다. 답안의 논증이 좋은 논증의 조건을 갖추고 있는지, 그리고 논제에서 요구하는 것을 충족시키는지를 우선적으로 평가하지 않고 논제 파악, 배경 지식의 활용 능력, 문단의 구성 방식 등과 같은 부차적인 문제만을 건드리는 경우가 많다. 평가 기준의 개선이 필요하다고 생각한다.

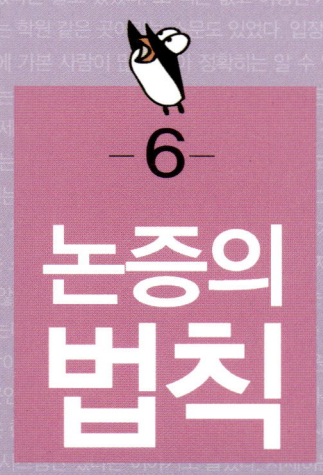

— 6 —

논증의 법칙

사고력이 관건이다 • 주장에는
근거가 뒷받침되어야 한다 • 시간
과 공간에 맞춰 꼭 필요한 것만
쓴다 • 논증으로 글을 구성하라

06 논증만들기

하지만 답안을 보면 위에서 세 가지 방안을 제시하고 있지 않습니까? 따라서 답안이 아무런 방안도 제시하지 않고 있다는 것은 이상한데요.

물론 그렇다. 세 가지 방안을 제시했지. 그렇다면 결론에서 이상한 말을 하지 말았어야지. 기껏 방안을 제시해놓고 마지막에 가서 질문을 반복한다면 그 얼마나 이상하냐? 그렇지 않느냐?

사고력이
관건이다

"같은 유형의 연습 문제를 하나 더 해보자꾸나. 어떻게 하는 줄 알 테니 문제를 보고 풀고 있어라. 나는 잠시 쉬었다 오겠다."

아니, 멘토만 쉬나. 어쨌든 감시의 눈이 없어져 홀가분하겠구나.

현민은 앞서 풀어본 연습 문제를 통해 자신감을 얻었다.

문제를 풀면서 나 스스로도 놀랐지만 멘토도 칭찬을 하지 않았던가. 그래, 이젠 혼자서도 할 수 있어. 용기를 내자. 아자, 아자!

멘토가 나가는 동시에 스크린이 내려왔고 그 위에는 문제와 답안이 새겨져 있었다. 현민이 손을 내밀어 스크린을 건드리니 스크린 위의 내용이 복사되어 떨어졌다. 현민은 집어 읽기 시작했다.

논제

한국전력 본사를 광주로 이전하는 등 176개 공공기관의 지방 이전 계획이 6월 25일 발표됐다. 이렇게 되면 수도권의 인구집중 현상을 덜어주고 상대적으로 낙후한 지방의 경제에 활력을 불어넣음으로써 국토의 균형 발전을 이룰 수 있다는 것이 정부의 설명이다. 그러나 공공기관의 지방 분산은 업무의 효율성이나 경제적 효과보다 이전 자체에 역점을 두고 추진돼 지나친 유치경쟁으로 지역 간 갈등이 심해지고 부동산 투기를 유발할 것이라는 비판도 많다. '공공기관 이전'에 따른 사회적·경제적 문제점을 극복할 수 있는 방안을 800자 내외로 제시하라.

학생글

지난 6월 25일 정부의 공공기관 이전 지역 확정 발표가 있었다. 이번 계획은 ①그동안 지적되어온 수도권의 과밀 문제와 지방의 저발전 문제를 해결하기 위한 초석을 놓았다는 점에서 그 의의를 찾을 수가 있다. ②하지만 소기의 목적을 달성하기 위해서 몇 가지 추가로 고려해야 할 점이 있다.

③우선 지방으로의 공공기관 이전에 있어서 정치적인 요인은 철저히 배제되어야 한다. 정부는 각 지역의 특성화된 경제 발전과 쾌적한 생활 여건 조성에 역점을 두고 계획을 일관성 있게 ④추진해 나아가야 할 것이다.

둘째로 정부는 사회간접자본과 공공재 확충에 관심을 기울여야 할 것이다. ⑤공공기관의 성공적인 정착을 뒷받침할 교육, 문화 시설의 확충이 부족하면 이전에 따르는 지역 경제의 활성화 효과는 미미할 것이다. ⑥따라서 정부는 이러한 점에도 유의하여 목표 달성에 차질이 없도록 하여야 할 것이다.

⑦마지막으로 공공기관 이전에 따라 활용이 가능해진 수도권 지역의 토지 이

용 방안을 마련해야 한다. 문화 시설이나 지역 주민을 위한 교육 시설을 설립하여 수도권에 사는 주민들에게도 혜택이 돌아가도록 해야 할 것이다.

⑧그동안 우리나라는 양적인 성장에 매달려온 나머지 지역 개발은 등한시해 왔다. 이러한 국토 이용의 불균형은 국가 경제의 지속적인 발전을 저해하고 지방 발전에도 악영향을 끼쳐 왔다. ⑨이 문제점을 해결하기 위한 첫 발걸음으로서의 공공기관 이전 계획은 큰 의미를 지니고 있다. ⑩따라서 좀 더 장기적인 안목에서 모든 국민이 혜택을 입을 수 있는 방향으로 계획을 이끌어 나아가야 할 것이다. — 동아일보, 2005. 7. 5.

흠, 내용이 우선 좀 어렵구나. 공공기관 이전에 대해 별로 생각해본 적이 없었는데. 서울에 있는 공공기관을 지방으로 옮기면 국토의 균형발전을 위해 좋다는 것인데…. 서울은 인구가 너무 많다는 거 아냐. 돈 되는 것은 다 서울에 있으니까 모두 서울로 온다는 것이고 그것이 지방을 죽이는 일이다. 뭐, 그 정도로만 알고 있었는데 문제는 좀 더 어려워 보였다.

논제는 공공기관 이전에 따른 사회적·경제적 문제점을 극복할 수 있는 방안을 제시하라는 것인데, 그렇다면 답안에는 방안이 제시되어야 한다는 말이네.

논증은 어떻게 구성해야 하나? 결론이 뭔가? 문제점을 극복할 수 있는 방안 하나하나가 결론일 수는 없고. 그렇다면 방안을 제시하고 제시된 방안으로 공공기관 이전에 따른 사회적·경제적 문제점을 극복할 수 있다가 되겠다. 요약하면 이렇게 되겠네.

1. 방안 1
2. 방안 2
3. 방안 3

---

4. 따라서 위의 대책으로 공공기관 이전에 따른 사회적·경제적 문제점은 극복할 수 있다.

으흠, 괜찮아 보이는데. 그럼 방안은 어떤 게 제시되었는지 찾아보자. 현민은 다시 답안을 꼼꼼히 읽기 시작하였다. 예상 외로 쉽게 찾을 수 있었다. '우선'이라든가 '둘째로'라든가 '마지막으로'라는 몇 가지 지시어 덕분이었다. 답안은 세 가지 이유를 제시하고 있었다. 그대로 따다가 옮기면 될 것 같았다. 그래서 다음과 같은 논증으로 답안을 재구성하였다.

1. 지방으로의 공공기관 이전에 있어서 정치적 요인은 철저히 배제되어야 한다.
2. 정부는 사회간접자본과 공공재 확충에 관심을 기울여야 할 것이다.
3. 공공기관 이전에 따라 활용이 가능해진 수도권 지역의 토지 이용 방안을 마련해야 한다.

---

4. 따라서 위의 대책으로 공공기관 이전에 따른 사회적·경제적 문제점은 극복할 수 있다.

이렇게 하면 될 것 같았다. 논증으로 만들어보니 별 감흥이 없었다. 그저 그래 보였다는 얘기다. 하지만 일단 논증으로 만드는 연습을 하는 거니까, 별 상관이 없겠지. 이런 생각을 하는데 멘토가 짠 나타났다.

"어때, 다 했느냐?"

"예, 했습니다."

"어디 보자."

멘토는 한눈에 다 알 수 있다는 듯이 순식간에 훑어보더니 말했다.

"좋다. 잘 했다. 어떤 요령으로 했느냐? 남의 것을 본 것은 아닐 테고."

"어렵지 않았습니다. 우선 논제를 뚫어지게 쳐다봅니다. 논제가 공공기관 이전에 따른 사회적·경제적 문제점을 극복할 수 있는 방안 아닙니까. 그 다음 논제에 맞춰 답을 생각합니다. 극복 방안을 제시하라는 것이니까 극복 방안이 무엇인가를 찾는 것이지요. 그러면 방안들이 나오게 됩니다. 그 방안들을 전제로 하면 됩니다."

주장에는 근거가
뒷받침되어야 한다

실 가는 데 바늘 가고
주장이 있는 데 근거가…

"이제 논증이 무엇인지를 조금씩 이해하기 시작했구나. 좋다. 그렇다면 앞서 한 것처럼 이 논증을 평가해보자. 무슨 말인지 알겠지?"

"좋은 논증인가를 따져보자는 말씀이시지요?"

현민이 빙그레 웃으며 대답했다.

"그렇지. 관련성, 전제의 참, 충분한 근거 그리고 반박 잠재우기 등의 조건을 적용시켜보아라."

"관련성부터 합니까?"

"마음대로 해라."

"전제 셋 모두 결론과 관련이 있어 보입니다."

"그럼 전제는 사실이냐?"

"글쎄요. 그걸 잘 모르겠습니다."

"그게 무슨 소리냐? 전제 1을 보자. 지방으로의 공공기관 이전에 있어서 정치적 요인은 철저히 배제되어야 한다. 이 전제가 받아들일 수 있는 것이냐, 아니냐?"

멘토가 부연설명을 했다.

"왜 정치적 요인은 배제되어야 하는지를 잘 모르겠다는 것입니다. 결론과 관련은 있어 보이는데 왜 그런가는 답안에 나와 있지 않기 때문입니다. 그냥 그렇게 해야 한다고만 주장하고 있으니까요."

"흠, 심각한 결함이지. 어떤 주장을 했으면 반드시 근거를 대야 하는데 전제 1은 근거가 없다. 따라서 이 전제를 받아들일 것인가를 판단하기가 쉽지 않은 거지. 제대로 생각을 하고 있구나. 그런데 너는 왜 정치적 요인을 배제해야 한다고 생각하느냐?"

"아, 제 생각을 물으시는 겁니까?"

멘토의 갑작스런 질문에 놀라며 현민이 되물었다.

"그렇다. 답안과 상관없이 너의 생각을 말해보아라."

"생각을 깊이 해본 적은 없습니다. 하지만 이런 생각은 듭니다. 정치적 요인은 보통 나눠먹기를 말하지 않습니까? 따라서 공공기관의 특성이나 지역의 특성이 무시되고 지역 안배 차원에서 나눠먹기를 한다면 공공기관도 지역도 다 피해를 볼 수 있다는 생각은 듭니다."

"그 이유가 옳은지 그렇지 않은지는 나도 잘 모르겠다. 하지만 중요한 것은 일단 근거를 제시한다는 것이지. 단순히 주장만 해서는 안 되고 주장을 뒷받침할 만한 근거를 어쨌든 대야 한다는 것이야. 그런 점에서 보면 전제 1은 어떻게 받아들여야 할지 난감하지. 이렇게 되면 감점이 되는 거야."

"그래도 전제 2는 근거가 있지 않습니까? 이런 대목이 나오거든요. '공공기관의 성공적인 정착을 뒷받침할 교육, 문화 시설의 확충이 부족하면 이전에 따르는 지역 경제의 활성화 효과는 미미'하다. 즉 교육, 문화 시설이 부족하면 지역 경제 활성화가 잘 되지 않을 것이니까 정부는 사회간접자본과 공공재 확충에 관심을 기울여야 할 것이라는 점입니다."

"좋다. 그럼 전제 3은 어떠냐? 근거가 제시됐느냐?"

"예. 조금은 있습니다. 수도권에 사는 주민들에게도 혜택이 돌아가야 한다는 것이 수도권 지역 토지 이용 방안을 마련해야 한다는 주장의 근거가 될 수 있어 보입니다."

"그럼 종합하면 어떻게 되느냐? 전제를 받아들일 수 있느냐의 문제에서 말이다."

"전제 1은 3점 만점으로 하면 0점이고, 전제 2와 전제 3은 약 1점씩 되는 것 같습니다."

"그래, 그 정도라고 할 수 있겠지. 그럼 하나 물어보겠다. 어떻게 하면 3점 만점에 3점을 맞을 수 있겠냐?"

"그걸 알면 제가 학생 하겠습니까? 멘토를 하지요."

"뭐시라?"

멘토의 표정이 조금 일그러지는 것 같았지만 그것은 장난기가 가득한 얼굴의 일부였을 뿐이었다. 멘토는 이내 웃으면서 말했다.

시간과 공간에 맞춰
꼭 필요한 것만 쓴다

"그럼 내가 알려주겠다. 우선 논증 개념이 있어야 할 것이다. 그래야 전제를 정당화시킬 수 있는 근거가 필요하다는 것을 알 수 있으니까 말이다. 다음으로는 공간이 있어야 한다. 무슨 말인고 하면, 전제 1을 주장했다고 하자. 그러면 왜 그런지를 말해야 하는데 쓰는 시간과 자수는 제한되어 있으니까 쓸데없는 말은 하지 말아야 한다는 것이다. 그래야 쓸 수 있는 자수가 생기지 않겠느냐."

"잘 모르겠습니다. 전제의 내용을 반복하지 말라는 것은 알겠는데요. 그럼 서론이나 결론은 어떻게 됩니까? 서론, 결론은 전제에 대한 근거와는 관계가 없는데요."

"그렇지. 좋은 지적이다. 시간도 없고 자수도 제한되어 있는데 소위 서론이나 결론을 쓸 여유가 어디 있느냐. 그 시간과 공간에 전제에 대한 근거를 열심히 써야 할 것이다."

"그럼 예를 들어주시면 안 될까요? 제가 워낙 아둔해서요."

"아둔한 것은 맞…."

멘토의 말이 끝나기도 전에 현민의 얼굴이 일그러지는 듯했다.

"농담이다, 농담. 오해하지 마라."

멘토는 장난기 섞인 웃음을 띠며 말을 이었다.

"그럼 지금의 답안을 고쳐보자. 우선 앞의 서론을 제거하고 뒤의 불필요한 결론 부분을 제거하자. 그리고 전제 1의 근거로 앞에서 우리가 말한 것을 넣고 전제 2와 3은 그래도 근거가 될 만한 것을 살려서 하기로 하자. 그럼 이렇게 되겠지."

스크린이 내려왔는데 서론과 결론을 제거하고 전제들을 조금씩 다듬은 것이었다.

공공기관 이전에 따른 사회적 경제적 문제점을 극복할 수 있는 방안으로는 다음의 세 가지가 제시될 수 있다.

우선 지방으로의 공공기관 이전에 있어서 정치적인 요인은 철저히 배제되어야 한다. 왜냐하면 정치적 요인은 보통 지역안배를 명분으로 나눠먹기를 행하기 때문이다. 나눠먹기를 하다 보면 공공기관의 특성과 지역의 특성이 무시되어 양자 모두에게 피해만 입히기 때문이다.

둘째로 정부는 사회간접자본과 공공재 확충에 관심을 기울여야 할 것이다. 왜냐하면 공공기관의 성공적인 정착을 뒷받침할 교육, 문화 시설의 확충이 부족하면 이전에 따르는 지역 경제의 활성화 효과도 미미할 것이기 때문이다.

마지막으로 공공기관 이전에 따라 활용이 가능해진 수도권 지역의 토지 이용 방안을 마련해야 한다. 왜냐하면 문화시설이나 지역 주민을 위한 교육 시설을 설립하여 수도권에 사는 주민들에게도 혜택이 돌아가도록 해야 할 것이기 때문이다.

이상의 대책으로 공공기관 이전에 따른 사회적·경제적 문제점을 극복할 수 있을 것이다.

"어떠냐? 한결 간결해졌지? 서론과 결론을 없애고 앞에서 만든 논증을 순서대로 늘어놓은 것뿐이다."

현민이 읽기를 마치자 멘토가 입을 열었다.

"그래도 서론과 결론이 있어야 글의 형식에 맞지 않습니까?"

"헛배웠구나. 전에 배웠을 텐데. 글은 서론, 본론, 결론으로 쓰지 않는다. 논증으로 쓰는 것이다. 생각이 나느냐?"

아, 맞다! 그랬었지. 깜빡 잊고 있었네.

"예, 생각납니다. 그래도 막상 실전에 닥치니 습관이 무섭다고 또 옛날로 돌아가네요. 변명을 하자면 실전은 이번이 처음이고요."

"그렇지. 습관이 무서운 거지. 어쨌든 쓸데없는 서론과 결론을 없애면 본론을 쓸 여유가 많아지지. 그러면 자신의 생각을 쓸 기회가 더 많아지는 것이야. 논술은 보통 자수가 정해져 있지 않느냐. 지금의 경우는 800자고. 짧은 글을 쓰기에 쓸데없는 것들은 버리고 논증을 탄탄하게 전개해야 한다. 생각을 해봐라. 한정된 짧은 글을 쓰는데 서론, 결론으로 원고지를 허비해서야 쓰겠느냐."

논증으로
글을 구성하라

음… 서론 지우고
또… 결론 지우고.

"옳으신 말씀이신 것 같은데요. 그럼 앞의 답안에서 서론과 결론은 필요 없다는 말씀이신가요?"

"아직도 의심을 하는구나. 좋다. 그럼 서론이라고 쓴 부분을 읽어보아라."

바로 스크린이 내려왔고 현민은 서론에 해당되는 글을 읽었다.

> 지난 6월 25일 정부의 공공기관 이전 지역 확정 발표가 있었다. 이번 계획은 그동안 지적되어 온 수도권의 과밀 문제와 지방의 저발전 문제를 해결하기 위한 초석을 놓았다는 점에서 그 의의를 찾을 수가 있다. 하지만 소기의 목적을 달성하기 위해서 몇 가지 추가로 고려해야 할 점이 있다.

다 읽고 난 현민은 멘토를 쳐다보았다. 멘토는 그 뜻을 이미 알고 있다는 듯이 입을 열었다.

"뭐가 어떠냐는 생각을 하고 있지? 이 정도 서론은 있어야 글이 매끄러울 것 같다고도 생각하겠지. 바로 그런 것이 형식에 얽매어 있다는 증거다. 서론이라고 쓴 것은 이미 제시문에 나와 있는 것이다. 봐라."

다시 제시문이 스크린 위에 나타났다.

한국전력 본사를 광주로 이전하는 등 176개 공공기관의 지방 이전 계획이 6월 25일 발표됐다. 이렇게 되면 수도권의 인구집중 현상을 덜어주고 상대적으로 낙후한 지방의 경제에 활력을 불어넣음으로써 국토의 균형 발전을 이룰 수 있다는 것이 정부의 설명이다.

"자, 다시 읽어보니 어떠냐? 답안의 서론과 거의 같은 내용이지? 왜 제시문에 나온 것을 반복하느냐? 이게 무슨 의미가 있지? 이런 것은 감점의 요인이 되어야 마땅하지 않겠느냐? 다음으로 결론이라고 쓴 답안의 일부를 보자."

역시 스크린에 답안의 마지막 단락이 나타났다.

그동안 우리나라는 양적인 성장에 매달려 온 나머지 지역개발은 등한시 해 왔다. 이러한 국토 이용의 불균형은 국가 경제의 지속적인 발전을 저해하고 지방발전에도 악영향을 끼쳐 왔다. 이 문제점을 해결하기 위한 첫 발걸음으로서의 공공기관 이전 계획은 큰 의미를 지니고 있다. 따라서 좀 더 장기적인 안목에서 모든 국민이 혜택을 입을 수 있는 방향으로 계획을 이끌어 나아가야 할 것이다.

"이 결론 단락의 문제점은 무엇이냐?"

"으음, 잘 모르겠습니다만 마지막 문장은 상투적으로 보입니다. 좀 더 장기적인 안목에서 모든 국민이 혜택을 입을 수 있는 방향으로 계획을 이끌어 나아가야 할 것이라는 주장은 좀 그러네요."

"그래? 상투적이라…. 마치 '추적 60분'의 마무리 멘트 같다는 것인가? 왜 있잖아. '이 문제는 이제 국가와 사회가 나서야 할 문제입니다' 라는 식 말이다."

웃음이 터져 나왔다. 이제는 웃기기까지 하시네. 하지만 눈빛만은 날카로워 보였다.

"결론의 마지막 문장은 상투적인 것이 문제가 아니다. 문제는 결론이 논제를 반복하고 있다는 것이다. 무슨 말인고 하면, 이 논술의 논제는 공공기관 이전에 따른 사회적·경제적 문제점을 극복할 수 있는 방안을 제시하라는 것인데, 결론은 모든 국민이 혜택을 입을 수 있는 방향으로 계획을 이끌어 나아가야 한다는 것 아니냐. 모든 국민이 혜택을 입을 수 있는 방향으로 계획을 이끌어 나아가야 한다고 하는데 도대체 무슨 방향, 무슨 계획인지가 나와 있지 않다는 것이 문제지. 바로 무슨 방향, 무슨 계획인가를 밝히라는 것이 이 논술이 묻는 것인데 말이다. 그렇지 않느냐?"

"말씀은 공공기관 이전의 문제점을 극복할 수 있는 방안을 제시하라니까 모든 국민에게 도움이 되는 방향으로 가야 한다는 답을 하고 있다는 것이지요? 그런데 모든 국민에게 도움이 되는 방향이 무엇인지를 밝히는 것이 이 논술의 문제니까 결국 물음을 반복하고 있다는 말씀이신가요?"

"그렇다."

"하지만 답안을 보면 위에서 세 가지 방안을 제시하고 있지 않습니까? 따라서 답안이 아무런 방안도 제시하지 않고 있다는 것은 이상한데요."

현민은 잘 이해할 수 없다는 듯이 멘토를 쳐다보았다.

"물론 그렇다. 세 가지 방안을 제시했지. 그렇다면 결론에서 이상한 말을 하지 말았어야지. 기껏 방안을 제시해놓고 마지막에 가서 질문을 반복한다면 그 얼마나 이상하냐? 그렇지 않으냐?"

"듣고 보니 그런 것 같습니다. 그런데 왜 이런 일이 일어나는 걸까요?"

"그건 단순하다. 여전히 서론, 본론, 결론이라는 형식에 사로잡혀 있기 때문이다. 결론을 써야 한다고 생각하고 있으니까 기계적으로 쓰게 되는데 이렇게 되면 보통은 서론을 반복하거나 질문을 반복하거나 방금 본 바와 같이 상투적인 얘기를 하게 되는 것이지."

"그렇다면 논증을 뼈대로 논술을 해야 한다는 말씀이시지요?"

"당연하지. 그리고 논술뿐만 아니라 리포트나 기획안, 그리고 논문도 마찬가지다."

이것만은 꼭!
정리 10

논증은 생각하는 힘이다. 좋은 논증을 만들기 위한 관건은 사고력이라는 얘기다. 주어진 논제가 무엇을 요구하는 것인지 깊이 생각해보면 해답이 나오게 마련이다.

이때 주의할 점이 있다. 모든 주장에는 반드시 근거가 제시되어야 한다는 것이다. 주장을 납득할 만한 근거는 제시되지 않은 채 주장만 늘어놓는다면 십중팔구 감점 처리될 게 분명하다.

아울러 정해진 시간과 분량에 맞게 꼭 필요한 것을 써내려가야 한다. 서론, 본론, 결론의 형식에 얽매이기보다는 말하고자 하는 바를 명확하게 전달하는 편이 낫다.

있다는 말도 있었다. 또 책은 없고 이상한 시스템만 있다는 이야기도 들렸다. 자세히는 모르겠으나 말이 도서관이지 모든 것을 학원 같은 곳이라는 소문도 있었다. 입장료는 무료이고 시간제한은 없다고 하는데 실제로 어떤 곳인지는 생긴 지 얼마 되지 기본 사람이 많지 않아 정확히는 알 수 없었다. 들리는 말로는 기적의 도서관에는 종이로 된 책은 한 권도 없다고 했다. 그리고 사람이 한 명도 없는데 신기하게도 모든 책을 읽을 수 있다는 말도 있었다. 또 책은 없고 이상한 시스템만 있다는 이야기도 들 는 모르겠으나 말이 도서관이지 모든 것을 가르쳐주는 학원 같은 곳이라는 소문도 있었다. 입장료는 무료이고 시간제한은 실제로 어떤 곳인지는 생긴 지 얼마 되지 않기 때문에 가본 사람이 많지 않아 정확히는 알 수 없었다. 들리는 말로는 기적의 종이로 된 책은 한 권도 없다고 했다. 그리고 관리하는 사람이 한 명도 없는데 신기하게도 모든 책을 읽을 수 있다는 말도 있었 고 이상한 시스템만 있다는 이야기도 들렸다. 자세히는 모르겠으나 말이 도서관이지 모든 것을 가르쳐주는 학원 같은 곳이라 있다. 입장료는 무료이고 시간제한은 없다고 하는데 실제로 어떤 곳인지는 생긴 지 얼마 되지 않기 때문에 가본 사람이 많지 는 알 수 없었다. 들리는 말로는 기적의 도서관에는 종이로 된 책은 한 권도 없다고 했다. 그리고 관리하는 사람이 한 명도 없는 도 모든 책을 읽을 수 있다는 말도 있었다. 또 책은 없고 이상한 시스템만 있다는 이야기도 들렸다. 자세히는 모르겠으나 말 이 모든 것을 가르쳐주는 학원 같은 곳이라는 소문도 있었다. 입장료는 무료이고 시간제한은 없다고 하는데 실제로 어떤 곳인지 얼마 되지 않기 때문에 가본 사람이 많지 않아 정확히는 알 수 없었다. 들리는 말로는 기적의 도서관에는 종이로 된 책은 한 권 했다. 그리고 관리하는 사람이 한 명도 없는데 신기하게도 모든 책을 읽을 수 있다는 말도 있었다. 또 책은 없고 이상한 시스템 이야기도 들렸다. 자세히는 모르겠으나 말이 도서관이지 모든 것을 가르쳐주는 학원 같은 곳이라는 소문도 있었다. 입장료는 무 간제한은 없다고 하는데 실제로 어떤 곳인지는 생긴 지 얼마 되지 않기 때문에 가본 사람이 많지 않아 정확히는 알 수 없었다. 기적의 도서관에는 종이로 된 책은 한 권도 없다고 했다. 그리고 관리하는 사람이 한 명도 없는데 신기하게도 모든 책을 읽을 말도 있었다. 또 책은 없고 이상한 시스템만 있다는 이야기도 들렸다. 자세히는 모르겠으나 말이 도서관이지 모든 것을 가르 같은 곳이라는 소문도 있었다. 입장료는 무료이고 시간제한은 없다고 하는데 실제로 어떤 곳인지는 생긴 지 얼마 되지 않기 사람이 많지 않아 정확히는 알 수 없었다. 들리는 말로는 기적의 도서관에는 종이로 된 책은 한 권도 없다고 했다. 그리고 관리 한 명도 없는데 신기하게도 모든 책을 읽을 수 있다는 말도 있었다. 또 책은 없고 이상한 시스템만 있다는 이야기도 들렸다. 자 으나 말이 도서관이지 모든 것을 가르쳐주는 학원 같은 곳이라는 소문도 있었다. 입장료는 무료이고 시간제한은 없다고 하는 떤 곳인지는 생긴 지 얼마 되지 않기 때문에 가본 사람이 많지 않아 정확히는 알 수 없었다. 들리는 말로는 기적의 도서관에는 책은 한 권도 없다고 했다. 그리고 관리하는 사람이 한 명도 없는데 신기하게도 모든 책을 읽을 수 있다는 말도 있었다. 상한 시스템만 있다는 이야기도 들렸다. 자세히는 모르겠으나 말이 도서관이지 모든 것을 가르쳐주는 학원 같은 곳이라는 소문 입장료는 무료이고 시간제한은 없다고 하는데 실제로 어떤 곳인지는 생긴 지 얼마 되지 않기 때문에 가본 사람이 많지 않아 수 없었다. 들리는 말로는 기적의 도서관에는 종이로 된 책은 한 권도 없다고 했다 그리고 관리하는 사람이 한 명도 없는데 신 든 책을 읽을 수 있다는 말도 있었다. 또 책은 없고 이상한 시스템만 있다는 이야기도 들렸다. 자세히는 모르겠으나 말이 도서 것을 가르쳐주는 학원 같은 곳이라는 소문도 있었다. 입장료는 무료이고 시간제한은 없다고 하는데 실제로 어떤 곳인지는 생긴 지 않기 때문에 가본 사람이 많지 않아 정확히는 알 수 없었다. 들리는 말로는 기적의 도서관에는 종이로 된 책은 한 권도 없다 리고 관리하는 사람이 한 명도 없는데 신기하게도 모든 책을 읽을 수 있다는 말도 있었다. 또 책은 없고 이상한 시스템만 있다 들렸다. 자세히는 모르겠으나 말이 도서관이지 모든 것을 가르쳐주는 학원 같은 곳이라는 소문도 있었다. 입장료는 무료이고 없다고 하는데 실제로 어떤 곳인지는 생긴 지 얼마 되지 않기 때문에 가본 사람이 많지 않아 확히는 알 수 없었다. 확히는 알 정확히는 알 수 없었다. 는 알 수 없었다. 들리는 말로는 기적의 도서관에는 종이로 된 책은 한 권도 없다고 했다. 그리고 관리하 한 명도 없는데 신기하게도 모든 책을 읽을 수 있다는 말도 있었다. 또 책은 없고 이상한 시스템만 있다는 이야기도 들렸다. 자 으나 말이 도서관이지 모든 것을 가르쳐주는 학원 같은 곳이라는 소문도 있었다. 입장료는 무료이고 시간제한은 없다고 하는 떤 곳인지는 생긴 지 얼마 되지 않기 때문에 가본 사람이 많지 않아 정확히는 관에는 종이로 된 책은 한 권도 없다고 했다. 는 사람이 한 명도 없는데 신기하게도 모든 책을 읽을 수 있다는 말도 있었다. 또 책은 없고 이상한 시스템만 있다는 이야기 세히는 모르겠으나 말이 도서관이지 모든 것을 가르쳐주는 학원 같은 곳이라는 소문도 있었다. 입장료는 무료이고 시간제한은 는데 실제로 어떤 곳인지는 생긴 지 얼마 되지 않기 때문에 가본 사람이 많지 않아 확히는 알 수 없었다. 확히는 알 수 없었다. 수 없었다. 는 알 수 없었다. 들리는 말로는 기적의 도서관에는 종이로 된 책은 한 권도 없다고 했다. 그리고 관리하는 사람이 신기하게도 모든 책을 읽을 수 있다는 말도 있었다. 또 책은 없고 이상한 시스템만 있다는 이야기도 들렸다. 자세히는 모르 도서관이지 모든 것을 가르쳐주는 학원 같은 곳이라는 소문도 있었다. 입장료는 무료이고 시간제한은 없다고 하는데 실제로 생긴 지 얼마 되지 않기 때문에 가본 사람이 많지 않아 정확히는 권도 없다고 했다. 그리고 관리하는 사람이 한 명도 없는 모든 책을 읽을 수 있다는 말도 있었다. 또 책은 없고 이상한 시스템만 있다는 이야기도 들렸다. 자세히는 모르겠으나 말이 든 것을 가르쳐주는 학원 같은 곳이라는 소문도 있었다. 입장료는 무료

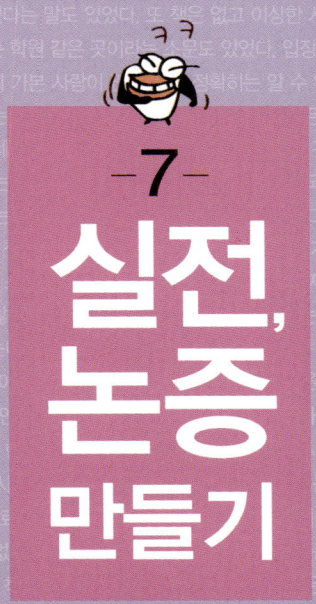

— 7 —

실전, 논증 만들기

멘토와 함께 만들어보자 • 멘토의 어드바이스 • 이제 혼자서 만들어보자

07 논증만들기

논술은 그렇다 쳐도요. 논문을 쓰거나 보고서를 쓸 때, 그리고 어떤 기획안을 쓸 때는 다르지 않습니까? 이렇게 생각할 수도 있고 저렇게 생각할 수도 있으니까요.

이렇게 생각할 수도 있고 저렇게 생각할 수도 있다는 것은 정보 제공이지 주장이 아니다. 정보 제공을 할 때야 여러 가지 면을 동시에 볼 수 있도록 해야겠지. 하지만 논증이란 정보 제공이 아닌 자신의 주장을 펼치는 것이거든.

멘토와 함께
만들어보자

멘토를 따라… 멘토를 따라…

 뭔가 긴 얘기를 한 것 같았다. 도대체 어디에서 이런 얘기가 시작되었는지를 잊을 지경이었다. 생각을 해보자. 무엇에서 시작된 것인가? 아, 맞아. 답안이 좋은 논증인가를 검토하고 있었지. 관련성을 따지고 전제의 참을 따지는 과정에서 이렇게 되었지. 그럼 다음 조건은 충분한 근거인가인데.
 이런 생각을 하고 있는데 멘토가 말했다.
 "충분한 근거가 되느냐를 따져야 하는데 넘어가자."
 "뭐 충분한 이유가 있습니까?"
 "충분한 이유는 있지. 제시된 세 가지 방안이 과연 공공기관 이전의 사회적·경제적 문제점을 극복할 수 있는 것이냐를 따지는 것은 어려운 문제이므로 여기서는 하지 않겠다는 것이다. 지금은 논증 만들기에 치중하자는 것이야. 충분한 이유가 되느냐?"
 "그렇다 치고 넘어가겠습니다. 그런데 마지막 조건인 반박 잠재우기는 얘기 안 하나요?"

"얘기할 게 뭐가 있냐. 너도 보다시피 아예 예상되는 반론을 거론조차 하지 않았는데. 그건 그렇고, 이제 논증이 무엇인지 또 어떻게 구성되는 것인지 감을 잡겠느냐?"

"죄송스런 말씀입니다만 아직 감을 잡지 못했습니다."

현민이 뒷머리를 긁적이며 작은 목소리로 대답했다.

"못했다고? 와, 이거 내가 실력이 부족한 모양이다. 그럼 네가 지금까지 배운 논증에 대해 말해보아라. 중간점검을 하고 수준에 맞춰 새로운 시도를 해보자."

여태까지 논증에 대해 배운 게 뭐냐고? 거참, 어려운 질문을 하시네. 아는 게 뭐냐? 이런 질문이 제일 어려운데. 모르는 게 뭔지 알아야 아는 게 뭔지를 아는 것 아닌가? 그런데 모르는 게 뭔지를 어떻게 알아? 모르는데. 어째 말이 이상하다. 어쨌든 논증에 대해 생각나는 것을 말해보자.

| 중요한 것은 생각하는 힘과 생각을 꿰는 기술이다 |

"우선 논증이란 전제와 결론으로 구성되고 전제는 결론을 뒷받침하는 근거인데 다음의 네 가지 조건을 갖춰야 합니다. 관련성, 전제의 참, 충분한 근거, 반박 잠재우기. 그리고 두 가지 답안을 중심으로 논증을 찾아내서 구성하는 방법을 배웠습니다.

결국 논술이란 논증을 뼈대로 하여 쓰인다는 것을 알게 됐습니다."

"제법 배운 것을 기억하고 있구나. 좋다. 하지만 지금은 논증을 만드는 방법을 배우는 것이 가장 중요하지. 연습 없이 논증을 만드는 것이 힘들기 때문에 먼저 남의 글을 읽고 논증으로 글을 재구성하는 연습을 한 것이란다. 그와 함께 좋은 논증의 조건도 따져보면서 연습한 것이고."

기침을 하면서 멘토가 돌아섰다. 몸이 불편한 것은 아닌 것 같았고 뭔가 새로운 것을 하기 위한 예비단계처럼 보였다. 아니나 다를까 멘토의 입에서 어려운 주문이 나왔다.

"그럼 이제 논증을 스스로 만드는 연습을 해보자. 남의 글을 분석하는 것이 아니라 네 스스로 어떤 문제에 대해 논증을 만드는 것이지. 어때? 자신 있나?"

"자신 없는데요. 저는 어떤 문제에 대해 심각하게 고민해 본 적이 별로 없습니다. 게다가 선생님은 깐깐한 분이라 제가 어떤 생각을 내놓으면 웃으실 것 같기도 하고요. 자신이 없습니다."

"또 너는 아는 것도 별로 없다, 이런 말을 하고픈 거지?"

"어떻게 아셨어요? 실제로 아는 것도 별로 없는데요."

"보통 아는 게 별로 없다고 생각하기 쉬운데 사실은 그렇지 않다. 배경지식은 차고 넘친다고 할 수 있지. 학교에서 배우지는 않아도 들은풍월이 얼마며 신문이나 텔레비전, 그리고 인터넷을 통해 취득한 정보가 그 또한 얼마냐. 물론 책 많이 읽으면 더 좋겠지만 그보다 더 중요한 것은 생각하는 힘이고 생각을 꿰는 기술이다. 그러니 자신감을 가지고 도전해봐라."

"그래도 자신감이 생기지 않습니다. 해본 적이 있어야지요."

"그럼 바로 훈련으로 들어가자. 해보면 알 것 아니겠느냐."

문제가 나올 것 같은 분위기였다. 왜냐하면 멘토가 반걸음쯤 뒤로 물러섰기 때문이었다. 곧바로 스크린이 멘토의 원래 자리에 내려왔고 그 위에 문제가 적혀 있었다. 길지는 않아 보여 일단 마음이 놓였다. 읽어보았다.

> 최근 '내 이름은 김삼순'이란 TV 드라마가 인기를 끌었다. 화장도 하지 않고 뚱뚱한 여주인공이 우여곡절 끝에 왕자 같은 남자와 결혼하는 모습을 보여줌으로써 '외모 지상주의'에 대한 인식을 바꿨다는 평가가 있다. 그러나 외모도 실력이라는 주장이 있다. 그래서 성별 연령대와 상관없이 성형수술이 성행하고 있다. '외모 지상주의'에 대한 자신의 견해를 800자 이내로 써 보세요. —동아일보, 2005. 8. 2.

으음, 생각보다 어려운 문제는 아니구나. 나는 또 평등이나 정의 아니면 철학적 문제가 나올 줄 알았지. 그러니까 성형수술이나 외모에 관한 얘기구나. 그렇다면 나도 할 말이 있을 것 같은데. 한번 해볼 만하다는 생각이 들어 현민은 일단 안심이 되었다. 그런데 이런 문제를 낸 멘토의 의도는 뭘까? 하는 생각도 동시에 들었다. 그래도 어려워 보이지 않아서 일단은 편안한 마음으로 대할 수 있어 다행이었다. 그런데 어떻게 시작을 하라는 것인가? 멘토를 쳐다보았다.

"다 읽었습니다. 외모 지상주의에 대해 써보라는 주문인데요. 제가 직접 써야 하나요?"

"물론이다. 직접 써야지. 하지만 그 전에 논증을 구성하도록 해야 할 것 아니냐. 논증이 있어야 글을 쓸 수 있으니 말이다. 그러니 우선 네가 하고픈 얘기를 논증으로 만들어보자."

논증으로 만든다, 내가 하고픈 말을…. 내가 무슨 말을 하고픈 거지? 눈동자가 하늘을 향하려 할 때 멘토가 말했다.

| 양비양시론은 금물, 어느 한 쪽에 서야 한다 |

"그럼 시작해보자. 너는 외모 지상주의에 대해 어떻게 생각하느냐?"

"예? 어떻게 생각하다뇨?"

멘토의 갑작스런 질문에 현민이 되물었다.

"문제가 외모 지상주의에 대한 자신의 견해를 밝히라는 것이잖아. 그러니 네 생각을 물어본 것이다. 왜 놀라느냐?"

"놀란 게 아닙니다. 순간 막막해서요."

"그래? 그럼 하나씩 해보자. 외모 지상주의가 무슨 뜻이냐?"

"그거야 외모를 최고로 여긴다는 뜻 아닙니까? 개인의 능력보다 외모가 인생을 사는 데 더 중요하다는 의미로 알고 있습니다."

"뭐, 비슷하다고 할 수 있다. 무슨무슨 지상주의는 원래 그 자체로 부정적 어감이 있지. 황금 지상주의 하면 돈이 최고라는 것이고, 권력 지상주의 하면 권력이 최고라는 것이지. 별로 좋은 뜻으로 여겨지지는 않잖아. 행복 지상주의, 이런 말은 조금 낯설지. 어쨌든 외모 지상주의를 개인의 능력보다 외모를 더 가치 있게 여기는 풍조라고 해두고 시작하자. 그래 외모 지상주의가 옳다고 생각하느냐?"

"글쎄요. 잘 모르겠습니다. 외모가 중요하기도 하고 또 능력도 중요하기도 하고…. 그런 생각이 듭니다."

여전히 자신이 없는 듯 현민이 대답했다.

"그런 식이면 논증 만들기 어렵다. 이것도 좋고 저것도 좋고. 소위 양비양시론이라고 들어봤냐? 너도 옳고 너도 그르고. 이런 식으로 논증을 구성할 수 없다. 따라서 어느 한 쪽에 서야 한다. 외모 지상주의에 반대하든지 아니면 찬성하든지."

"하지만 그것은 너무 강요하는 것 아닙니까? 실제로 어떤지 자신도 모르는 경우가 있지 않습니까?"

"그렇지. 하지만 논술이나 어떤 문제에 대해 논할 때는 어느 한 쪽에 서야 한다. 왜냐하면 논술은 결론의 내용을 보는 것이 아니라 결론에 이르는 과정을 보는 시험이기 때문이다. 외모 지상주의를 찬성하든 반대하든 그것은 문제가 아니라는 말이다. 문제는 찬성이면 찬성, 반대면 반대, 어떤 전제에서 어떤 과정을 거쳐 그런 결론에 도달했는가가 중요하다는 얘기다."

 "논술은 그렇다 쳐도요. 논문을 쓰거나 보고서를 쓸 때 그리고 어떤 기획안을 쓸 때는 다르지 않습니까? 이렇게 생각할 수도 있고 저렇게 생각할 수도 있으니까요."

 멘토의 설명에도 의문이 풀리지 않은 듯 현민이 반문했다.

 "이렇게 생각할 수도 있고 저렇게 생각할 수도 있다는 것은 정보 제공이지 주장이 아니다. 정보 제공을 할 때야 여러 가지 면을 동시에 볼 수 있도록 해야겠지. 하지만 논증이란 정보 제공이 아닌 자신의 주장을 펼치는 것이거든. 따라서 어느 한 쪽에 서는 것이 다른 쪽도 더 잘 보이게 할 수 있다."

 "그래도 찬성도 반대도 아닌 경우가 있을 수 있지 않습니까? 그것이 자신의 주장인 경우라면요."

"그래? 그런 경우 양쪽 다 아니라는 것을 증명해야 하는데 아마 굉장히 어려운 일이 될 것이다. 어쨌든 논술이나 논문에서 양비양시론을 피해야 한다는 것을 명심하고 너의 생각을 말해봐라. 외모 지상주의에 찬성하느냐 반대하느냐?"

"저는 반대합니다. 사람이 능력으로 평가 받아야지 외모로 평가 받아서야 되겠습니까?"

"좋다, 어떤 쪽을 택해도. 그럼 왜 외모 지상주의를 반대하느냐?"

"그것은, 사람은 능력으로 평가 받아야지 외모로 평가 받아서는 안 되기 때문입니다."

"그래? 그럼 왜 사람은 외모가 아닌 능력으로 평가 받아야 하느냐?"

계속 질문이 이어질 분위기네. 내가 답을 하면 또 왜 그런가, 이런 질문이 나올 테고, 그러면 또 답하고 또 질문하고. 어디까지 가나 한번 해보자.

"그것은 인간의 존엄성은 외모에 있지 않고 인간의 내면에 있기 때문입니다."

"호, 그래? 그렇게 어려운 말을! 좋다. 그럼 한 가지 묻겠다. 존엄성이 존재한다는 인간의 내면은 인격이나 능력을 말할 텐데 그것은 어디에서 비롯되느냐?"

"자신의 노력으로 생긴 것 아닙니까? 자신의 능력을 닦고 인격을 수양하고., 그런 노력으로 인해 생긴 것이라고 생각합니다."

"그럼 그런 노력을 하고자 하는 마음은 어디에서 비롯되었을까?"

"그거야 자신의 마음과 의지에서 나온 것이라고 생각하는데요."

질문이 이상하네. 뻔한 것을 자꾸 물어본다는 느낌이 드는 게 어째 불길한데….

"그럼 자신의 마음과 의지는 어디에서 비롯된 것이지?"

"…."

"원래 그렇게 태어난 사람들이 있지 않느냐. 처음부터 의지가 굳고 착하고 불의를 참지 못하는 사람들 말이다. 물론 후천적 환경도 작용하지만 선천적으로 타고나는 인자도 무시할 수 없다는 말이지."

"그런 것 같기도 한데 그런 말씀은 왜 하시지요? 지금은 외모지상주의에 관한 얘기를 하는 것 아닙니까?"

"인간의 가치가 외모가 아닌 내면에 있다고 하는데, 내면도 상당 부분 선천적인 요인에 의해 결정되지만 그래도 자신의 노력이 중요하다는 것 아니냐. 그런데 외모는 어떠냐? 대부분 선천적 요인에 의해 결정되고 자신의 노력이 차지하는 비중은 낮지. 그렇지 않느냐?"

"예, 그렇다고 할 수 있습니다. 외모야 노력한다고 됩니까? 키를 어떻게 할 수 있는 것도 아니고 원래 예쁜 여자는 뭘 해도 예쁘니까요."

"그렇다면 불평등한 일 아니냐. 외모로 인해 손해를 보는데 외모는 대부분 선천적인 요인에 의해 결정된다면. 따라서 성형수술을 통해 외모를 고쳐서 불평등을 만회하려는 노력을 잘못이라 할 수 있느냐?"

"그래도 지나치면 안 된다는 것이지요."

"그런 얘기는 어디에나 다 해당되는 말이지. 지나쳐서 좋은 것이 어디 있겠느냐? 그건 논점이 될 수 없다. 사랑도 지나치면 안 되고 친절도 지나치면 안 되지."

| 가장 강력한 반론을 먼저 예상하고 대처하라 |

이거 얘기가 이상하게 돌아가고 있네. 가만 있어 봐. 적당한 성형수술은 괜찮다, 뭐 이런 식으로 전개되는 것 아닐까. 사실 '적당한'이란 수식어가 붙으면 다 괜찮은 것이 되겠네. 적당한 음주, 적당한 흡연, 적당한 부패. 아니, 적당한 부패는 아닌 것 같다.

조금 어안이 벙벙한 현민에게 멘토가 말했다.

"왜 이런 것을 하는지 이해가 안 가지? 그것은 논증을 구성할 때 언제나 가장 강력한 반론을 먼저 예상해야 한다는 것을 알려 주려는 것이다."

"가장 강력한 반론을 먼저 예상하고 대처해야 하는 이유는 뭔가요?"

"앞서도 말했지만 전제들을 가지고 논증을 잘 구성해놨는데

반론이 제기되어서 한 방에 무너질 수도 있기 때문이다. 다시 말해서, 반론에 논증이 무너지면 다 헛것이 되기 때문에 먼저 대비를 해야 한다는 것이다."

"그럼 이 문제의 경우 가장 강력한 반론이 성형수술이 인간불평등 해소 차원에서 행해질 수 있다는 것입니까?"

"그렇지. 외모 지상주의를 반대하는데 외모라는 것이 사실은 선천적으로 결정되기 때문에 불평등하다. 따라서 자신을 방어하는 차원, 불평등을 해소하는 차원의 성형수술은 용인될 수 있다. 이런 것을 외모 지상주의라고 부를 수는 없다. 이런 식의 반론이 나올 수 있기 때문에 먼저 예상을 하고 대비를 해야 다른 전제들도 지킬 수 있다는 것이지."

"예, 알겠습니다. 정말 강력한 반론인 것 같습니다."

현민이 고개를 끄덕이며 말했다.

"그럼 외모 지상주의에 반대하는 이유를 들어보자. 아까 인간의 존엄성은 인격이나 능력에서 나오는 것이지 외모에서 나오지 않는다는 이유를 들었고. 다른 이유는 무엇이냐?"

"이런 이유도 있습니다. 회사에서 일하는 데는 외모가 아닌 능력이 필요합니다. 그런데 외모 지상주의는 외모를 중시하기 때문에 능력보다는 외모가 뛰어난 직원을 뽑기 때문에 결국 회사가 제대로 돌아가지 않고 사회적으로 해를 끼치게 됩니다. 회사가 망하면 사회적으로 큰 피해가 생기지 않습니까? 따라서 외모가 아닌 능력으로 사람을 뽑아야 합니다."

"좋다. 옳은 말이다. 그런데 능력이 비슷한 경우 외모가 나은 사람을 뽑는 것은 어떠냐?"

"그런 경우는 외모가 나은 사람이 뽑히지 않을까요? 아무래도 외모가 나은 사람을 선호하는 사회니까요."

"그래? 그럼 회사의 업무상 외모도 능력이 될 수 있지 않느냐? 왜냐하면 사람을 상대하는 일이 많은 직종일수록 외모가 차지하는 비중이 크기 때문이지. 아무래도 잘 생긴 사람, 예쁜 여자에게 사람들은 호감을 보이거든. 어떻게 생각하느냐?"

"그런 면도 있지요. 하지만 그건 직종에 따라 다르니까 특별히 사람들을 많이 상대하는 직종에만 해당되는 것이 합당하다고 봅니다. 연구직에 외모는 중요하지 않지만 영업에서는 중요할 수도 있겠네요."

"그럼 왜 사람들은 잘생긴 남자나 예쁜 여자를 좋아하는 것일까?"

"그거야 본능 아닌가요? 본능적으로 아름다움을 좋아하고 추구하지 않나요?"

"아름다움을 추구하는 것이 인간의 본능이라면 외모가 나은 사람을 선호하는 것도 인간의 본능에 속하지 않겠느냐?"

"하지만 인간이 본능대로 살 수는 없지 않습니까? 인간의 존엄성을 지키기 위해 겉모습이 아닌 내면을 중시해야 한다고 생각합니다."

멘토와 현민의 대화는 계속되었다.

"좋다. 그러면 외모 지상주의를 반대하는 다른 이유가 있느냐?"

현민은 선뜻 대답하지 못하고 생각에 잠겼다가 뭔가 생각난 듯 대답했다.

"외모 지상주의는 사람들이 내면을 가꿀 시간과 기회, 그리고 비용을 앗아가기 때문에 좋지 않습니다. 사람들이 외모를 우선하지 않는다면 책도 좀 더 읽고 생각도 좀 더 하고 토론도 좀 더 할 텐데 외모에 신경 쓰느라 그런 기회를 얻지 못하고 있는 것이 문제입니다."

"그런 이유도 있겠구나. 그럼 이쯤에서 네가 제시한 이유를 전제로 해서 논증을 만들어보자. 어려운 일은 아닌 것 같다. 한 세 가지쯤 이유를 대지 않았느냐. 정리해보아라. 어떤 이유에서 외모 지상주의를 반대했지?"

| 논증 만들기의 실제 |

그래, 정리를 해보자. 외모 지상주의에 반대하는 이유는 세 가지였다. 적어보자. 현민은 무릎에 놓인 노트북에 적기 시작했다.

1. 인간의 존엄성은 외모에 있지 않고 인간의 내면에 있다.
2. 능력이 아닌 외모로 사원을 뽑는다면 회사는 망할 가능성이 높고 회사가 망하면 사회적으로 큰 피해가 된다.
3. 외모 지상주의는 인간의 내면을 가꿀 시간과 기회, 그리고 비용을 앗아가기 때문에 해롭다.

적고 보니 여기에 결론만 추가하면 논증이 될 것 같았다. 그때 반론을 제압하라는 조건이 생각났다. 그러면 어떻게 추가하나? 예상 반론은, 성형수술은 손해를 입지 않으려는 방어적 차원과 불평등 해소 차원에서 할 수 있다는 것이었다. 이에 대해 어떻게 대응해야 하지?

생각에 잠길 수밖에 없었다. 가장 강력한 예상 반론에 대해 먼저 대응책을 마련해놓아야 한다는 말이 실감이 났다. 정말 그렇겠구나 하는 생각이 들었다. 실컷 근거가 되는 전제를 만들어놨는데 반론이 나와서 깨질 수 있다는.

흠, 그럼 이렇게 해보자. 반론이 워낙 강력하고 일리도 있어 보이니까 일단 수긍하는 모습을 보이자. 적어도 반론을 예상했다는 점을 보여도 충분히 효과는 있을 것 같았다. 그래, 상투적이긴 하지만 지나치면 안 된다는 정도로 하자. 그리고 현민은 적기 시작했다.

4. 손해를 보지 않기 위해 하는 성형수술은 지나치지 않는다면 용인될 수 있다.

좀 나아 보였다. 그럼 논증을 완성해도 되지 않을까? 이런 생각을 하는데 문득 이런 반론이 떠올랐다. 인간은 본능적으로 아름다움을 추구한다. 그런데 아름다움을 추구하는 것이 잘못인가? 성형수술을 하는 것도 아름다움 추구로 볼 수 있지 않은가? 많은 비용과 신체적 고통을 감수하면서까지 시행하는 것이므로 공짜라고 볼 수도 없지 않은가?

이런 반론이 가능한데 어찌 처리하나? 고민이네. 잠깐 생각에 잠겼다. 그런데 이런 생각이 들었다. 어차피 예상 반론을 처리하는 것이라면 앞의 전제 4에 포함시키면 어떨까? 아름다움을 추구하는 성형수술은 지나치지 않는다면 용인할 수 있다는 식으로 하면 될 것 같았다. 그럼 이렇게 되겠네.

> 4. 손해를 보지 않기 위해 하거나 아름다움을 추구하기 위해 하는 성형수술은 지나치지 않는다면 용인될 수 있다.

이 정도면 예상 반론을 나름대로 처리할 수 있지 않을까? 그럼 종합해보자.

> 1. 인간의 존엄성은 외모에 있지 않고 인간의 내면에 있다.
> 2. 능력이 아닌 외모로 사원을 뽑는다면 회사는 망할 가능성이 높고 회사가 망하면 사회적으로 큰 피해가 된다.
> 3. 외모 지상주의는 인간의 내면을 가꿀 시간과 기회 그리고 비용을 앗아가기 때문에 해롭다.
> 4. 손해를 보지 않기 위해 하거나 아름다움을 추구하기 위해 하는 성형수술은 지나치지 않는다면 용인될 수 있다.
>
> ---
>
> 5. 따라서 외모 지상주의에 반대한다.

종합하고 보니 논증으로 보였다.

"어때, 논증 만들어보니까. 어려우냐?"

"조금 어렵습니다."

"뭐가 제일 어려우냐?"

"결론의 근거로 뭘 제시해야 될지가 가장 어렵습니다. 이번 경우에도 외모 지상주의에 반대한다는 입장을 정한 후에 과연 어떤 근거를 대야 효과적인가가 잘 떠오르지 않았습니다. 흔히 외모가 아니라 내면의 아름다움에 더 무게를 둬야 한다고 하지 않습니까. 이런 근거는 저도 제시하기는 했지만 별로 참신해 보이지 않았습니다."

"그거야 그렇지. 누구나 그런 정도는 생각하지 않겠어. 하지만 걱정할 것은 없어. 진부한 얘기지만 가장 설득력 있는 근거니까. 문제는 그런 점을 인식하고, 다른 참신하고 설득력 있는 근거를 찾아내는 것이지. 그런 면에서 보면 전제 2나 전제 3은 그런 대로 괜찮아. 아주 참신하지는 않지만 외모 지상주의의 폐해를 구체적으로 보여주고 있으니까."

"그런데 제가 만든 논증이 좋은 논증인가요?"

"그거야 네 가지 조건에 맞춰 따져보면 되는 일이고, 지금은 논증 만들기에 집중해보자. 논증 만들기에서 결론의 근거인 전제를 대는 것이 어렵다고 했는데 네가 아는 게 없다고 생각하는 것이냐?"

"예. 솔직히 모르는 것이 너무 많으니까요. 무슨 방법이 없을까요?"

멘토의
어드바이스

도와주시는 멘토~

"일단 걱정하지 마라. 두 가지 경우가 있다. 하나는 논술과 같은 시험을 볼 때이고 다른 하나는 리포트를 쓰거나 기획안을 쓸 때이다. 우선 논술의 경우를 보자. 논술은 수험생을 대상으로 하지 않느냐. 그 얘기는 수험생이 알 만한 것을 낸다는 것이다. 대학원이나 회사원이 풀 수 있는 문제가 아니라 대입 수험생이 알 만한 것에서 낸다는 것이지. 그런데 우리나라는 세계에서도 유래를 찾을 수 없을 정도로 많은 지식을 주입하는 시스템이란다. 학교나 학원에서 엄청나게 많은 것을 배우지. 미국이나 유럽의 또래 학생에 비해서도 너무 많은 것을 알고 있단다. 아니, 정확히 말하면 머릿속에 넣고 있지. 그런데 문제는…."

멘토가 하던 말을 멈추고 숨을 돌리려는데 현민이 재촉하듯 묻는다.

"문제는 뭔가요?"

| **배경지식은 충분하다, 자신감을 가져라** |

"문제는 아는 것을 꿰는 방법을 모른다는 것이지. 아무리 많이 알고 있으면 뭐하냐. 어떤 문제가 주어졌을 때 어떤 지식을 가져다 놓을 것인지를 모른다면 무용지물 아니겠냐. 예를 들어, 군대 창고에 박격포도 있고 수류탄도 있고 기관총도 있고 미사일도 있다고 해도, 언제 어떤 무기를 써야 할 줄 모른다면 있으나 마나 하지 않느냐. 이런 것과 마찬가지지. 따라서 논술에서는 배경지식을 넓히려고 너무 애쓸 필요가 없다는 거야. 있는 것을 어떻게 논증으로 만들어낼 수 있는지를 배우고 연습해야 한다는 거지. 알겠냐?"

"무슨 말씀인지는 알겠는데 어떻게 연습해야 합니까? 책 사보면 되나요? 아니면 학원 다니면 되나요?"

현민은 조급한 마음에 질문을 퍼부었다.

"지금 하고 있지 않느냐. 충분한 배경지식을 어떻게 논증으로 만들어내는지를. 아직도 감이 안 잡히느냐? 실망이로다. 연습하면 알게 되겠지. 그건 그렇고, 조금 전에 두 가지 경우가 있다고 했지? 첫 번째는 지금 한 논술의 경우고, 다른 경우는 리포트나 기획안처럼 자료를 조사할 시간이 충분히 있는 경우지. 이런 경우에는 더욱더 배경지식을 걱정할 필요는 없다. 시간이 충분하고 물어볼 사람도 있으니까. 시간이 제한된 시험이 아니지 않느냐. 문제는 문제의식이 얼마나 예리하고 제대로인가이다. 이 문제는 다음에 따로 다루기로 하자."

　현민은 지금 연습 중인데 자신이 제대로 알고 있지 못해서 죄송한 마음이 들기도 했다. 그런데 가만히 생각해보니 머리가 지끈지끈 아플 정도로 생각을 했던 것 같다. 외모 지상주의에 대한 문제가 나왔을 때 멘토의 물음에 답하면서 머리를 심하게 썼던 기억이 새삼 떠올랐다. 바로 전의 일인데도 마치 남의 일처럼 느껴지는 것이 신기하기까지 했다. 왜 그랬을까? 아마도 그 전에는 그토록 능동적으로 머리를 쓴 적이 없어서 그런지도 모르겠다는 생각이 들었고 그 과정에서 뭔가를 배운 것 같았다. 뭘 배웠지? 일단 구체적으로 정리를 해보자.

　"선생님, 논증 만들기에서 지금까지 제가 배운 것을 정리해보겠습니다. 시간을 좀 주시면…."

　"시간? 좋아. 정리해야 자기 것이 되겠지. 그래 적어보아라."

| 논증 만들기 매뉴얼 |

현민은 생각을 정리해서 적기 시작하였다. 그때 멘토가 빙그레 웃더니 스크린을 내려주었다. 스크린에는 현민이 쓰려고 하는 내용이 이미 정리되어 있었다. 꽤 길어 보였는데 다음과 같았다.

첫째, 논제를 유심히 읽는다. 무엇을 요구하는지를 알아야 제대로 대처할 수 있다.

둘째, 논제에 대해 찬성이든 반대든 어느 한 쪽에 서라. 양비양시론은 결론이 없어 보여 강인한 인상을 주지 못한다.

셋째, 결론에 대해 가장 강력한 반론이 무엇이 될 것인가를 생각하라. 가장 강력한 반론을 잠재울 수 있는 방안을 생각해낸다면 논증의 성공은 절반 이상 보장된 것이다. 이 과정에서 결론을 옹호하는 근거는 거의 다 등장하게 마련이기 때문이다.

넷째, 전제를 쓴다. 배경지식이 절대로 부족하지 않으니 이미 알고 있는 것을 글에 맞게 찾아 배치하는 것이다. 보통 전제는 논술의 경우 3개를 넘지 않는다.

다섯째, 반드시 예상되는 반박에 대한 대안을 쓴다. 머릿속에만 있으면 안 되고 잊지 말고 써야 한다.

여섯째, 글로 쓰기 전에 논증 형식으로 구성한다. 전제 1, 2, 3 등으로 번호를 붙이고 전제와 결론 사이에 선을 그어서 이것이 논증임을 확인한다. 물론 결론은 번호를 붙이고 '따라서'나 '그러므로'로 시작한다.

일곱째, 여기서 잠깐. 글로 옮기기 전에 과연 자신의 논증이 좋은 논증인지를 검토한다. 즉 관련성, 전제의 참, 충분한 근거, 반박 잠재우기 등의 조건을 적용시킨다. 이때 찬찬히 따져서 부족한 점이 있으면 고치거나 보완한다. 이 단계가 논증 만들기에서 차지하는 비중은 크다. 여기서 잘 고쳐야 좋은 평가를 받을 수 있다. 시간은 충분하므로 검토하는 데 시간을 충분히 투자해야 한다.

여덟째, 서론과 결론 부분은 과감히 없애고 논증으로 글을 구성한다.

여기까지가 논증 만들기에서 명심해야 할 점들이다. 논증으로 만들어서 어떻게 글로 옮기느냐는 다음에 배우게 될 것이다.

스크린이 올라갔다. 생각보다 많이 배웠네! 적어 놓은 것을 보니 꽤 많은 것을 배웠다는 것을 알 수 있었다. 논증을 어떻게 만드는가에 대해 배우고 있는데 실제적인 매뉴얼이 나온 느낌이다. 그래도 아직은 논증 만들기가 손에 익은 기분은 들지 않았다. 오히려 좀 더 연습이 필요하다는 생각이 들었다.

"연습을 더해야 되지 않을까요?"

"호, 네가 연습을 더하자고 먼저 말을 하다니, 웬일이냐? 그래, 재미가 좀 붙었느냐?"

"예. 조금 아니까 재미가 생겼습니다. 이참에 연습을 더하면 제 것으로 만들 수 있을 것 같습니다."

"아주 좋아. 뭐든 적극적으로 해야 성과가 있는 법이지. 그럼 이 문제를 해보자."

| 매뉴얼 적용하기 |

새로운 논제가 스크린 위에 나타났다.

로봇과 인공지능이 하루가 다르게 발전하고 있다. 과학자들은 50~100년 뒤에는 인간의 사고방식을 갖춰 우리가 영화에서 보듯 스스로 생각하고 감정을 갖는 로봇도 나올 수 있다고 말한다. 일부에서는 로봇의 반란을 점치기도 한다. 과연 인간 수준의 사고방식을 갖춘 로봇은 인간과 동등한 대접을 받아야 하는가, 아니면 오직 인간에게 봉사하기 위해 만들어진 기계인가. 자신의 생각을 800자 내외로 논술하시오. —동아일보, 2005. 7. 26.

"잘 읽었겠지. 논증을 직접 만들기 전에 다른 사람이 쓴 답안을 분석해보고 네 자신의 논증을 만들어보자. 무슨 말인지 알겠지?"

"예, 잘 알겠습니다. 다른 사람의 답안으로 일단 연습을 하라는 말씀이시죠?"

"그렇다. 답안을 보아라."

인류가 살고 있는 이 세계는 하루 한 시가 다르게 빠르게 변화하고 있다. 이러한 변화 속에서 인류는 좀 더 편함을 추구하고자 로봇이라는 기계를 발명하였다. 이미 로봇은 집안청소를 하며, 사람들을 대신하여 일 처리도 하고 있다. 그러나 미래에는 훨씬 더 나아가 로봇 스스로가 생각하고 감정을 가지며 인간처럼 행동할 수 있다고 한다. 심지어 지금도 인간과 같이 직립보행을 하고 있는 로봇도 있다.

이런 시대 속에서 살아가는 인류는 많은 문제에 부딪힌다. 그 중 하나가 인간과 로봇을 동등하게 대해야 하는 문제다. 물론 그렇게 대해야 한다고 말하는 사람도 있을 것이다. 그러나 이는 잘못된 생각이다. 우리는 로봇이 단지 하나의 기계일 뿐이라는 것을 인식해야 한다. 아무리 로봇이 감정을 가지고, 생각을 하며, 스스로 행동을 한다 해도 그것은 모두 인간이 만들어낸 기계일 뿐이라는 것이다. 또한 인간과 로봇은 그 자체로서 다르다는 것도 알아야 한다. 로봇을 만든 본래 목적은 로봇이 인간과 사회에 편리함을 주고 봉사토록 하는 것이었다. 한데 로봇이 인간과 대등한 입장이 되어버린다면 아마도 이 사회의 질서는 빠르게 무너질 것이다. 아니, 어쩌면 인간이 로봇에게 지배당하고 공격당하는 시대가 올지도 모르는 일이다. 결국 인간은 우리 스스로 화를 자초하게 된 셈이다.

그러므로 우리는 좀 더 객관적이고 현실적으로 생각할 필요가 있다. 인간은 인간으로서의 인격체로 존중받고, 로봇은 단지 봉사수단의 기계로서만 인식하는 것이 가장 바람직한 방향이 아닐까 생각한다. ―동아일보, 2005. 7. 26.

"어떠냐, 이 답안은? 논증으로 구성해보아라."

매뉴얼을 다시 한 번 읽고 현민은 답안을 꼼꼼히 보았다. 우선 이 답안은 양비양시론이 아니라 분명하게 한 쪽에 서 있다는 점이 맘에 들었다. 즉 로봇은 인간과 동등한 대접을 받아서는 안 된다는 것이 결론이었다.

그런데 문제는, 매뉴얼에 따르면 결론에 대한 가장 강력한 반론을 예상하라는 것인데 도대체 그런 흔적은 보이지 않았다. 반론을 예상한 흔적이 없다는 것이다. 그렇다 치고 로봇과 인간이 동등한 대접을 받아서는 안 된다는 주장의 근거는 무엇인가? 근거를 찾아내면 전제가 되는 거니까. 찾아보자. 첫 단락은 서론에 해당되는 부분인 모양인데 전혀 영양가 없는 이야기다. 매뉴얼에 따르면 저런 부분을 쓰지 말아야 된다고 했다. 그럼 다음 단락을 보자. 여기에 로봇과 인간이 동등하게 대접 받아서는 안 된다는 이유가 몇 가지 나온다. 정리해보자. 현민은 노트북에 쓰기 시작했다.

> 1. 아무리 로봇이 감정을 가지고, 생각을 하며, 스스로 행동한다 해도 로봇은 인간이 만들어 낸 기계일 뿐이다.
> 2. 인간과 로봇은 그 자체로서 다르다. 로봇은 인간에게 편리함을 주고 봉사토록 하기 위한 것이다.
> 3. 로봇이 인간과 대등한 입장이 되어버린다면 인간이 로봇에게 지배당하고 공격당하는 시대가 올지도 모른다.
>
> 4. 따라서 로봇은 인간과 동등한 대접을 받아서는 안 된다.

이렇게 정리하면 되겠다. 전제 3개와 결론으로 구성되는 논증이네. 그리고 답안의 마지막 단락은 결론 부분으로 보이는데 아무 소용없는 단락이라는 생각이 들었다. 결론을 쓸 원고지에 차라리 전제 각각에 대한 근거를 쓰는 것이 백 배 낫겠다. 어쨌든 이 답안은 이렇게 논증으로 재구성할 수 있겠다. 자신 있는 목소리로 멘토에게 말했다.
"선생님, 다 썼습니다."
"내용은 이미 알고 있다. 네가 노트북에 쓰면 동시에 스크린에 뜨게 되어 있으니까. 잘했다. 대충 그런 식으로 논증을 구성하면 될 것 같다. 그럼 과연 이 논증이 좋은 논증인지를 따져보자. 반론에 대한 언급이 없다는 것은 말할 필요도 없겠지. 관련성은 어떠냐? 전제와 결론이 관련이 있어 보이냐?"
"예. 관련은 있어 보이는데 전제의 참은 문제가 있어 보입니다."
"왜?"
"전제에 대한 근거가 별로 없어 믿음이 가지 않기 때문입니다."
"예를 들면?"
"전제 2의 경우 인간과 로봇은 그 자체로서 다르다고 했는데 왜 그런지는 나와 있지 않습니다. 로봇이 논제에 나왔듯이 스스로 생각하고 감정까지 느낀다면 독립된 개체로 봐야 하지 않겠습니까? 스스로 생각하고 감정까지 느낀다면 다른 것들과 분명히 구별될 뿐만 아니라 어쩌면 생명체라고 할 수도 있는데, 아무런 해명 없이 그냥 인간과 로봇은 그 자체로서 다르다고만 주장하고 있습니다. 이렇게 된다면 누가 납득을 하겠습니까?"
"그렇지. 주장에 대한 근거가 부족하구나. 다른 전제는 어떠냐? 전제 1은 정당화가 되냐?"
"전제 1도 생각할 여지가 많습니다. 아무리 로봇이 감정을 가지고 생각을 하며 스스로 행동한다 해도 로봇은 인간이 만들어 낸 기계일 뿐이라고 주장하는데, 영화 '블레이드러너'에 나온 것처럼 인간이 만들어낸 복제인간의 경우는 간단치 않아 보이기 때문입니다. 비록 로봇이지만 인간의 모양을 하고 있으며 인간과 똑같은 사고를 하며 독자적 행동도 가능한 경우, 과연 그런 존재를 단순히 기계일 뿐이라고 말할 수 있겠습니까? 인간도 다른 입장에서 보면 하나의 기계일 수 있습니다."

"하지만 로봇이 무생물인 것은 확실하지 않느냐. 생물체라면 생식과 유전 등을 행할 수 있어야 하는데 로봇은 불가능하지 않느냐. 따라서 로봇이 무생물이기 때문에 인간과 동등한 대접은 곤란하다고 주장하는 것이 더 낫지 않겠냐?"

"그쪽이 더 나아 보입니다. 하지만 전제를 지지할 만한 근거를 제시하지 않고 있다는 것이 이 논증의 취약점입니다."

"그렇기는 하다. 그럼 충분한 조건이란 기준에는 합당하지 않겠구나."

"물론입니다. 전제 각각이 충분히 근거를 제시하고 있지 못한데 어떻게 전제 전체가 결론을 충분히 뒷받침할 수 있겠습니까?"

"잘 봤다. 결정적 근거가 결여되어 있다는 문제를 차치하더라도 제시된 전제들이 충분히 정당화되어 있지 않기 때문에 전제는 결론의 충분한 근거가 되기 어렵다고 본다."

"잘 알겠습니다."

| 논증 만들기는 좋은 글을 쓰기 위해 꼭 필요하다 |

"그런데 한 가지 물어보자."

또 나왔다. '그런데 한 가지 물어보자.' 이거 나오면 골치 아파진다. 꼭 레슨이 뒤따른다. 그런데 그 레슨이 바로 나오지 않고 꼭 머리를 아프게 한 다음에 나온다는 것이 문제다. 얼른 말해주면 좋을 것을. 하지만 어쩌겠나. 배우는 입장인 것을. 귀를 기울여보자.

"무슨 말씀이신지 하시지요."

"지금 우리가 논증 만들기를 연습하고 있는데 다른 사람이 쓴 답안을 보고 그 답안을 논증으로 재구성하지 않았느냐?"

"예, 그런데요. 왜 그런 말씀을…."

"그런데 이런 가정을 해보자. 이 답안을 썼던 사람이 답안을 쓰기 전에 먼저 아까 우리가 만든 논증을 만들었다고 가정해보자. 그리고 좋은 논증인지를 따지기 위해 네 가지 조건을 따졌다고 하자. 그럴 경우 어떤 답안을 썼을까? 지금 우리가 본 답안과 같은 답안을 썼을까?"

"그러니까 선생님 말씀은 답안을 쓰기 전에 논증을 만들었다면 지금과 같은 답안을 쓰지는 않았을 것이다, 뭐 이런 말씀이신가요?"

"한 번 생각해보라는 것이지. 왜 논증을 만드는 것인가. 왜 논증을 만들지?"

"글을 잘 쓰기 위해서 아닙니까?"

"그렇지. 논증을 만드는 것 자체는 목적이 아니지. 논증은 글을 잘 쓰기 위해 필요한 도구와 같다고 할 수 있다. 동시에 글의 뼈대이기도 하고 말이야. 어쨌든 논증은 글을 쓰기 위한 거야. 그러니 논증을 만들었다고 해서 글이 된 것은 아니다."

당연해 보이는 얘기 같은데 왜 새삼스럽게 다시 꺼내시는 걸까? 생각을 해보자. 답안을 쓴 사람이 만약 글을 작성하기 전에 자기가 하고픈 말을 전하기 위해 논증을 만들었다고 해보자. 아니, 가만. 보통 사람들이 답안을 쓰기 전에 서론, 본론, 결론으로 나누어서 각 부분에서 쓸 말을 정리하지 않나? 먼저 전체의 밑

그림을 그리지 않고 그냥 글을 쓰는 사람은 거의 없을 것이다.

그럼 논증을 만드는 것과 서론, 본론, 결론의 형식으로 구성하는 것과의 차이는 무엇인가? 사소한 차이 말고 결정적 차이는? 매뉴얼이 생각났다. 서론, 결론이라는 부분을 과감히 없애고 논증으로 글을 구성한다. 왜 그렇게 해야 하나? 두 가지 생각이 떠올랐다. 우선 서론, 본론, 결론이라는 형식을 버리면 자신의 주장을 정당화할 충분한 여유를 갖게 된다. 쓸데없는 서론이나 결론을 쓰는 데 원고지를 허비하지 않고 자신의 주장을 뒷받침할 수 있는 근거를 더 많이 더 충분히 댈 수 있다. 사실 위에서도 보았지만 서론과 결론은 아무 내용도 없이 혹은 문제를 반복하면서 아까운 지면만 차지하고 있지 않은가. 이런 데에 지면을 허비하니까 자신이 알고 있어도 자신의 주장에 대한 근거를 충분히 댈 여유가 없는 것이다. 우선 이것만이라도 고치면 지면의 여유를 갖게 될 것이다.

다음으로 논증 형식을 취하면 자신의 주장이 맞는지를 검토할 수 있다. 이 점은 매우 중요하다. 논증 형식을 갖추면 전제와 결론을 확연히 구분할 수 있고, 자연스럽게 이런 전제에서 이 같은 결론이 나올 수 있느냐를 따지게 된다. 물론 관련성이나 전제의 참이나 충분한 근거, 그리고 반박 잠재우기 등 좋은 논증의 네 가지 기준을 적용하겠지만 중요한 것은 따진다는 것이다. 따져봤을 때 말이 안 되거나 부족하면 고칠 수밖에 없는 것이다. 논증 형식으로 구성되지 않은 것을 글로 옮긴다면 허점이 드러날 수밖에 없다. 자신이 무엇을, 어떤 근거로,

논리적으로 말하고자 하는지를 일목요연하게 볼 수 있다면 얼마든지 좋은 글을 쓸 수 있을 것이다.

이런 생각을 하고 나니 현민은 스스로 뿌듯함을 느꼈다. 많이 컸다는 느낌이 들었던 것이다. 멘토와 주거니 받거니 하는 가운데 자신도 모르게 생각하는 힘이 많이 늘었다는 생각이 들었다. 멘토는 결국 나에게 어떻게 생각할 것인가를 가르친 것인지도 모르겠다. 논증이라는 것은 이름뿐이고 실제로는 어떤 문제에 대해 어떻게 생각을 하는가를 가르쳐준 것이라고. 어찌 보면 단순한 얘기가 아닐까? 자신이 어떤 문제에 대해 주장을 하려면 근거가 있어야 하는데, 당연하지. 근거가 자신의 주장과 관련이 있어야 하고 사실과 맞아야 하고 또 자신의 주장을 뒷받침하기에 충분해야 하며 반론에 대해서도 대응책을 갖고 있어야 한다는 것이.

처음에는 어려워 보였었는데 어느새 이런 조건이나 사고방식이 자연스럽게 느껴진다는 것이 신기하기도 했다. 남의 글을 보고 논증으로 재구성하는 것을 몇 개 해보고 자신의 생각을 논증으로 만드는 것도 하나 해보았는데 나름대로 감을 잡을 수 있었다. 이제 글을 쓸 수 있지 않을까 이런 생각을 하고 있는데 멘토가 말했다.

"대충 생각을 정리한 것 같구나. 그럼 마지막으로 한 문제만 더 해보고 본격적인 글쓰기로 들어가보자."

이제
혼자서 만들어보자

마지막 문제라? 마지막이라는 말을 들으니 힘든 단계가 끝난다는 생각이 들어 머리가 가벼워졌다. 논증이 무엇인지 배우고 논증 만들기 연습을 해오면서 예상보다 어렵다고 느꼈다. 그래도 어느 정도 자신감이 생기기도 했는데 이제 마지막으로 한 문제만 더 연습하면 드디어 글쓰기로 들어간다고 하니 기쁘고 다행이다. 그래, 자신감을 가지고 논증을 만들어보자. 근데 무슨 문제가 나올까? 이런 궁금증을 오래 가질 겨를은 없었다. 스크린 위로 바로 문제가 나타났기 때문이다.

> 도청 문제로 온 나라가 시끄럽다. 개인의 사적인 대화를 엿듣는 불법 도청은 비난받아 마땅하다. 하지만 국내외 많은 기업이 영업비밀을 유출하는 것을 막기 위해 직원의 e메일과 메신저 프로그램을 검열하고 있다. 수사나 안보 등 공익 목적으로 국가기관이 개인의 통신 내용을 감청하거나 합법적인 절차를 거치지 않고 도청하는 경우도 있다. 사생활 보호와 공익 가운데 무엇이 우

선인지에 대해서 자신의 생각을 800자 내외로 논술하시오.

―동아일보, 2005. 8. 9.

흠, 문제가 쉽지 않아 보이는군. 도청 문젠데, 사생활 보호와 공익 가운데 어느 것이 우선하느냐를 묻고 있구나. 골치가 아파오네. 이럴 때 논증 만들기 매뉴얼을 봐야겠다. 매뉴얼이라는 것이 기본 작동법을 알려주는 것이니까, 이럴 때에도 당연히 적용되지 않겠나. 매뉴얼을 꺼내서 찬찬히 보기 시작했다.

첫째, 논제를 열심히 읽는다. 뭘 요구하는지를 알아야 제대로 대처할 수 있다.

조금 거칠게 말하고 있지만 어쨌든 문제를 잘 읽으라는 것이구나. 그럼 다시 문제를 읽어보자. '개인의 사생활도 보호받아야 하지만 수사나 안보 등 공익을 목적으로 국가기관이 개인의 통신 내용을 감청하거나 합법적인 절차를 거치지 않고 도청하는 경우도 있다.' 그러니까 사생활 보호와 국가기관의 불법적 도청 중 어느 것이 우선인가가 논제인 것 같다. 국가기관이 공익을 목적으로 합법적으로 행하는 감청은 여기서 논할 필요가 없고, 문제는 국가기관이 공익이라는 명분을 내세워서 하는 불법 도청이 사생활 보호에 우선할 수 있느냐이다. 이것이 '사생활 보호와 공익 가운데 무엇이 우선인지에 대해 자신의 생각을 800자 내외로 논술하시오'의 의도인 것 같다. 즉 사생활 보호와 국가기관의 공익 목적을 위한 불법 도청 중 어느 것이 우선이냐가 문제로 생각된다.

논제를 제대로 파악했나? 이런 의심이 들기도 했지만 사생활 보호와 공익 가운데 어느 것이 우선인가 하는 문제는 너무 광범위하고 모호하다는 생각이 들었다. 사생활 보호와 공익 간의 관계는 이미 정답이 나와 있는 것 아닌가. 공익을 위해 사생활을 침해할 경우는 법률에 따라야 한다. 즉 아무리 공익을 위한 것이라고 해도 합법적 절차를 밟아야 한다는 것 아닌가. 따라서 사생활 보호와 합법적 절차에 따른 공익 추구는 모순 관계가 아니다. 이것이 논제는 아닌 것 같고 역시 사생활 보호와 공익을 내세운 불법적 도청 중 어느 것이 우선하는가가 논제로 보인다. 그럼, 매뉴얼의 다음 항목을 보자.

둘째, 논제에 찬성이든 반대든 어느 한 쪽에 서라. 양비양시론은 결론이 없어 보여 강인한 인상을 주지 못한다.

어느 한 쪽에 서라. 그럼 사생활 보호냐 공익을 위한 불법 도청 옹호냐. 둘 중에 하나를 택해야겠군. 가만 있어 봐라. 이거 좀 이상하다. 어느 한 쪽에 서려면 한 쪽을 옹호하는 이유가 확실해야 하고 동시에 다른 한 쪽을 거부하는 이유 또한 확실해야 하는데, 만약 그렇다면 이미 논증을 완성한 것과 다를 바가 없게 되는 것이 아닌가! 사생활 보호 쪽을 택한다면 왜 그런지에 대한 이유를 대야 하고 동시에 공익을 위한 불법 도청은 왜 용납될 수 없는가도 생각해야 한다. 그렇게 정리된 생각을 번호를 달아 적어놓으면 전제가 될 것이고 결론은 이미 정해져 있으니 곧바로 논증이 될 수 있다. 그렇다면 어느 쪽인가를 택할 때 사실은 머릿속으로 아니면 메모 형태로 이미 택한 이유를 갖고 있다고 할 수 있다.

으흠, 그럼 나는 어느 쪽을 택할 것인가? 사생활 보호가 더 맘에 든다. 이유는 간단하다. 공익을 위한 도청이라고 말하는데 도대체 무엇이 공익이고 어디까지가 공익이며 어떤 것이 공익인지 아닌지 누가 어떻게 판단한다는 것인가? 결국 불법 도청에서 공익은 도청하는 사람의 주관적 판단에 따르게 마련이다. 아무런 법적 절차를 거치지 않는데 자의적 판단을 막을 방법은 없을 것이다. 따라서 불법 도청은 결국 공익을 위한 것이 아니라 사적인 이익이나 협박, 그리고 정치적으로 악용될 소지가 너무나 크다. 따라서 불법 도청이 내세우는 공익이란 허울에 지나지 않기 때문에 찬성할 수 없다. 그러므로 사생활 보호를 지지하자.

일단 사생활 보호를 옹호하기로 정했지만 구체적인 이유를 생각하지는 않았다. 일단 왜 공익을 목적으로 하는 불법 도청이 용납될 수 없는가만을 생각해본 것이다. 그럼 공익을 목적으로 하는 불법 도청보다는 사생활이 왜 보호되어야 하는가를 구체적으로 생각해보자. 그런데 여기서 잠깐! 매뉴얼을 다시 한 번 보자. 뭔가 있었던 것 같다.

셋째, 결론에 대해 가장 강력한 반론이 무엇이 될 것인가를 생각하라.

사생활 보호를 옹호하는 주장에 대해 가장 강력한 반론은 무엇일까? 비록 불법이라도 공익을 위해 도청이 용납되는 경우는 어떤 경우일까? 강력한 반론에 대해 답할 수 있다면 결론이 공고해질 테니. 으흠, 문제는 강력한 반론이 무엇인가군. 생각에 잠길 수밖에 없네. 사생활을 침해하면서까지 그리고 불법을 용인할 수 있는 정도까지 정당성을 갖는 공익은 무엇이 있을까?

한참 고민하다가 현민은 이런 생각을 하였다. 도청 내용에 국가 안보를 흔들 만한 것이나 국가 경제에 심대한 영향을 끼칠 만한 부패한 거래라든가 국민 전체를 기만한 중대한 사안이 있을 경우에는 비록 불법 도청된 것이긴 하지만 공익을 위한 것이라고 할 수 있지 않을까? 그런 내용이 국가 안보나 경제, 그리고 사회에 도움이 되는 방향으로 쓰인다면 사생활 침해라는 것도 용인될 수 있지 않을까? 이런 반론이 가능할 수 있다고 생각하니 현민은 스스로가 대견하였다. 하지만 기쁨도 잠시. 이런 반론을 어떻게 반박할 수 있나? 하는 생각이 떠올랐기 때문이다.

으흠, 불법 도청이긴 하지만 국가의 안위에 관계되는 중대한 내용이 있는 경우는 어떻게 하느냐는 문제인데, 간단치가 않군. 또 고민에 잠긴다. 시간이 흐른다. 여러 가지 생각을 해보지만 뾰족한 반박이 떠오르지 않는다. 그러다 이런 생각이 났다. 만약 불법 도청의 결과 공익에 부합하는 내용이 나왔다는 이유가 용인된다면 불법 도청은 범위를 끝없이 넓혀갈 것이다. 법적인 절차에 따른다면 도청은 아주 제한적이고 분명한 목적이 공인되어야만 행해진다. 하지만 불법 도청은 이런 제한이 없다. 공익에 부합하는 내용이 1%라도 나온다면 나머지 99%가 사생활 침해라고 해도 불법 도청은 행해질 것이다. 그렇게 되면 국민 대다수는 사생활 침해를 받을 것이고 이런 사태는 결코 공공의 이익에 부합되지 않을 것이다. 즉 공익을 위한다는 명분을 받아들여 불법 도청을 용인한다면 그 결과 오히려 대다수 시민의 사생활이 침해되어 공공의 이익에 중대한 위협이 발생할 것이다. 아하, 이런 식의 반론이 가능하겠다. 됐다. 그럼 다음을 보자.

넷째, 전제를 쓴다.

전제를 쓴다. 왜 나는 공익을 위한 불법 도청보다 사생활 보호를 옹호하느냐에 대한 이유를 써야 하는구나. 우선 앞에서 생각해본 것을 쓰자. 공익의 기준이 자의적이 될 위험이 있다는 것이다. 공익을 위해 불법 도청을 한다고 하는데 도대체 공익이 무엇이고 어디까지가 공익인지를 법적인 절차를 거치지 않고 특정 집단이 판단한다는 것은 문제가 있다.

또 뭐가 있나? 음, 기본적인 문제를 얘기하면 되겠다. 공익은 개인의 존재를 전제로 한다. 다시 말해서, 개인이 존재해야 공공의 이익도 있는 것이다. 따라서 공익보다는 개인이 우선한다. 맞는 말이기는 한데 좀 어렵고 멀어 보이네. 다른 말로 표현할 수 없을까? 개인의 존엄성은 어떤 가치보다 우선한다. 그리고 개인의 존엄성은 개개인의 특성과 사적인 것을 존중하는 데서 비롯된다. 따라서 개인의 사생활은 공익보다 우선한다. 이 정도면 되겠다.

아, 그리고 이런 문제도 있구나. 개인의 사생활은 존엄성 차원에서 절대적으로 보호되어야 하지만 개인의 공적인 생활은 공익을 위해서는 법에 의해 제한될 수 있다. 그럼 정리해서 써보자.

> **전제 1** 공익의 기준이 자의적으로 해석될 수 있으므로 불법 도청은 공익이 아니라 특정 집단의 이익을 위해 행해질 가능성이 크다.
> **전제 2** 개인의 존엄성은 공익보다 지고한 가치이다. 개인의 존엄성은 개개인의 특성과 사적인 것의 존중에서 비롯되므로 개인의 사생활은 공익보다 우선한다.
> **전제 3** 개인의 사생활과 공적 생활은 구별되어야 하고, 개인의 공적인 생활은 공익을 위해 법에 의해 제한될 수 있지만 사생활은 절대적으로 보호되어야 한다.

이 정도면 전제는 된 것 같다. 그럼 다음을 보자.

다섯째, 반드시 예상되는 반박에 대한 대안을 쓴다.

오호, 예상되는 반박에 대해 어떻게 대처할 것인가를 써야 한다는 것이지. 그건 셋째에 나왔던 것이네. 내용이 이런 것이었지. 불법 도청의 내용이 공익에 아무리 도움이 된다고 해도 불법 도청을 용인할 경우, 모두가 불법 도청의 대상이 되는 길을 걸을 수밖에 없으므로 결국 공공의 이익에 중대한 위협이 될 것이다. 단적으로 공공의 이익을 위해 당신이 도청 당한다면 당신은 용납할 수 있겠는가. 좋아, 좋아. 그럼 다음으로 넘어가 볼까.

여섯째, 글을 쓰기 전에 논증 형식으로 구성한다. 전제 1, 2, 3 등으로 번호를 붙이고 전제와 결론 사이에 선을 그어서 이것이 논증임을 확인한다.

매뉴얼대로 하자. 위에 만들어놓은 전제 1, 2, 3과 반박 잠재 우기를 전제 4로 해서 추가하면 될 것 같다. 물론 그 다음 선을 긋고 결론은 사생활 보호가 공익을 위한 불법 도청보다 우선한 다가 되겠지. 만들어보자.

전제 1. 공익의 기준이 자의적으로 해석될 수 있으므로 불법 도청은 공익이 아니라 특정 집단의 이익을 위해 행해질 가능성이 크다.
전제 2. 개인의 존엄성은 공익보다 지고한 가치이다. 개인의 존엄성은 개개인의 특성과 사적인 것의 존중에서 비롯되므로 개인의 사생활은 공익보다 우선한다.
전제 3. 개인의 사생활과 공적 생활은 구별되어야 하고, 개인의 공적인 생활은 공익을 위해 법에 의해 제한될 수 있지만 사생활은 절대적으로 보호되어야 한다.

> 전제 4. 불법 도청의 내용이 공익에 아무리 도움이 된다 해도 용인한다면 결국 범위가 대부분의 시민으로 확대될 것이다. 그렇게 된다면 공익에 중대한 위협이 될 것이다. 공익을 위해 바로 당신이 도청 당한다면 당신은 불법 도청을 용납할 수 있겠는가.
>
> 결론 5. 따라서 공익을 위한 불법 도청보다는 사생활 보호를 지키는 것이 더 바람직하다.

제법 논증처럼 보이는구나. 전제도 있고 결론도 있고 선까지 그으니 그럴듯해 보인다. 이제 글을 써도 되는가? 매뉴얼을 보자.

일곱째, 여기서 잠깐. 글로 옮기기 전에 과연 자신의 논증이 좋은 논증인지를 검토한다. 즉 관련성, 전제의 참, 충분한 근거, 반박 잠재우기 등의 조건을 적용시킨다. 이때 찬찬히 따져서 부족한 점이 있으면 고치거나 보완한다.

점검 단계가 있다는 말이구나. 그런데 좋은 논증의 조건을 따지기 전에 과연 논제에 맞는 결론을 쓰고 있는지부터 검토해야 되는 것 아닌가? 일반적으로 질문이 무엇인지를 분명하게 하고 시작해야지, 아니면 실컷 썼는데 논제에서 벗어났다는 평가를 받기 십상이니까.

다시 보자. 논제가 뭔지. 논제는 사생활 보호와 공익 가운데 무엇이 우선인지에 대해 쓰라는 것이다. 그런데 나는 이것을 사생활 보호와 공익을 위한 불법 도청 가운데 무엇이 우선인지에 대해 쓰라는 것으로 해석했다. 과연 바른 해석인가? 공익과 공익을 위한 불법 도청은 엄연히 다른 것 아닌가? 현민은 자신의 해석이 옳다는 것을 입증할 필요를 느꼈다. 앞에서 생각했던 것을 글 앞에 적어둘 필요가 있음을 느낀 것이다. 왜 '공익'을 공익을 위한 불법 도청으로 해석하는가를. 이렇게 쓸 수 있겠다.

공익을 위한 도청에는 두 가지가 있다. 하나는 적법 도청이고 다른 하나는 불법 도청이다. 공익을 위한 적법 도청에 관해서는 더 이상 논할 것이 없을 것이다. 왜냐하면 공익을 위한 적법 도청은 이미 공익을 위해서는 사생활 침해를 법이 정하는 한도 내에서 감수하겠다는 뜻이 내포되어 있기 때문이다. 따라서 이 경우 사생활 보호와 공익은 충돌하지 않는다. 즉 양립이 가능하다는 것이다. 그러므로 논의를 해야 한다면 사생활 보호와 공익을 위한 불법 도청의 문제가 될 것이다. 이런 식으로 자신이 왜 사생활 보호와 공익을 위한 불법 도청 가운데 어느 것을 우선하는가를 다루는지를 해명할 수 있을 것 같다.

현민은 스스로 흡족해하면서 좋은 논증의 조건을 따져보기로 했다.

그런데 옆에서 가만히 지켜보던, 아니 졸고 있던 멘토가 갑자기 자신의 책무가 생각난 듯 말했다.

"그래, 이제 다 했느냐?"

"예. 논증은 만들었습니다만 아직 좋은 논증인지는 검토하지 못했습니다."

"좋다. 그럼 논증을 보자. 보면서 같이 검토해보는 게 좋지 않겠냐?"

"예, 여기 있습니다."

노트북을 내밀자 멘토가 노트북과 스크린을 연결했다. 곧바로 스크린에 현민이 만든 논증이 떴다. 멘토는 한눈에 살펴보더니 입을 열었다.

"수고했다. 우선 논증 형식을 갖춘 것이 좋고 내용도 예상보다 훨씬 좋구나. 기적의 도서관에 와서 사고하는 것이 많이 늘었군. 논증은 역시 사고의 힘을 보이는 거니까."

"처음으로 혼자서 한 것이라 미흡한 점이 많습니다."

"겸손까지. 어쨌든 보자."

멘토가 관련성에 대해 물었다.

"4가지 전제가 결론과 관련이 있느냐?"

"예."

"그거야 네가 썼으니 당연히 관련이 있다고 하겠지. 물어본 내가 잘못이다."

"그럼 설명하겠습니다."

"아니, 됐다. 매뉴얼에 따르면 자신의 논증이 좋은 논증인가를 따져봐야 하지만 지금 너와 하나하나 따지면 시간이 너무 길어질 것 같다. 단지 네가 좋은지 안 좋은지는 따져봐야 하겠지만 어쨌든 스스로 논증을 만들었다는 것 자체가 의미가 크다. 그게 바로 이번 프로그램에서 내가 바라던 바였다. 생각을 해보아라. 네가 어떤 단계를 밟아왔는지를."

"그래도 관련성이나 전제의 참, 충분한 근거, 반박 잠재우기를 따져서 좋은 논증인지를 알고 싶습니다."

"뜻은 잘 알겠으나 이번 프로그램을 종료할 시간이 다 되었기에 이제 마치려 한다. 매뉴얼 여덟째가 서론, 결론이라는 부분은 과감히 없애고 논증으로 글을 구성한다고 되어 있지 않느냐. 그것은 본격적으로 글을 쓰는 단계를 말하는 것인데 논증을 토대로 실제로 글을 쓰는 것은 다음 프로그램에서 할 것이다. 그리고 지금 네가 만든 논증은 나도 이미 보았는데 매우 좋은 논증이다. 반박 잠재우기도 좋고 근거도 그 정도면 충분하다고 할 수 있다. 물론 전제 각각도 받아들일 만한 정당성을 갖고 있다. 그러니 자신감을 가져라. 하지만 명심할 것이 있다."

"명심할 것이라뇨? 무슨 말씀이신가요?"

"논증을 만들 줄 안다고 방심하면 안 된다. 왜냐? 논증을 만드는 것과 글을 쓰는 것은 또 다른 문제이기 때문이다. 공부 열심히 했다고 시험 잘 보는 거 아니지 않느냐. 뭐시라? 공부 열심히 해본 적이 없어 모르겠다고? 됐고. 어쨌든 공부 열심히 했다고 시험 잘 보는 것은 아니라는 것은 대충 맞는 말이다. 무슨 말인고 하면, 시험 보는 기술이나 요령이 있듯이 논증이 좋아도 글을 쓰는 기술이 따로 있기에 배워야 한다는 뜻이다. 아무리 좋은 논증이라도 글로 제대로 표현하지 못하면 무슨 소용이 있겠느냐. 그러니 이제는 본격적으로 논증을 바탕으로 글을 쓰는 법을 배우고 또한 연습을 해보자꾸나."

아, 이제 논증 만들기 프로그램을 마치고 글쓰기 프로그램으로 들어간다는 말씀이구나. 그럼 며칠 휴식을 취하자고 건의해야겠다. 공부하느라 고생했으니 좀 쉬었다 하는 것이 더 효율적이지 않을까? 피곤한 표정으로 말씀드려야지.

"그런데 다음 프로그램 전에 며칠 쉬면 안 될까요? 쉬었다 하면 더 효과가 좋지 않을까요?"

"물론 좋다. 아무 상관없다. 며칠이 아니라 네가 쉬고 싶은 만큼 쉬었다 오너라. 그럼 새로운 멘토가 너를 반길 것이다. 그럼 이만."

말을 마치기가 무섭게 멘토는 순식간에 사라졌고 현민은 홀로 남았다. 그러나 이번에도 손아귀에는 종이가 쥐어져 있었다.

> 인생에는 여러 가지 살아가는 길이 있고 인생에는 많은 종류의 할 일과 즐거움을 가질 수 있다. 그러나 우리는 그 인생의 보배를 모두 다 동시에 소유할 순 없다. 우리는 모든 만물과 똑같이 어떤 우연의 소산인 것으로밖엔 생각할 수 없다. 일단 생명을 갖게 된 동물로 나는 생명을 지속하려는 본능에 의해 살고, 역시 우연의 결과로서 의식을 갖게 된 인간으로서 나는 내 삶의 모든 행위에 의미를 찾고 가치를 부여하려는 의욕 속에 노력하고 있을 뿐이다.
> ―박이문, 《행복한 허무주의자의 열정》, 미다스북스, 2005, 20쪽

결국 생각하며 살라는 얘기구나! 며칠 쉬고 논술 공부하러 다시 가야지.